素养本位教育丛书

肖龙海 总主编

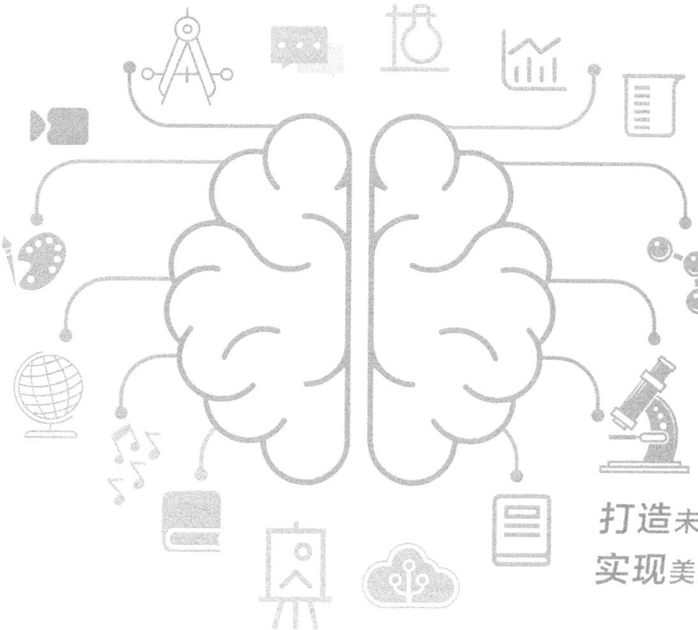

打造未来学校
实现美好教育

创·智·慧

普通高中素养本位智慧教学探索

王书力 肖龙海 /主编

CHUANG ZHI HUI

创新 · 智联 · 慧智　　唤醒 · 提升 · 建构

ZHEJIANG UNIVERSITY PRESS
浙江大学出版社

图书在版编目（CIP）数据

创·智·慧：普通高中素养本位智慧教学探索/王书力，肖龙海主编．—杭州：浙江大学出版社，2022.5
ISBN 978-7-308-22134-4

Ⅰ．①创…　Ⅱ．①王…　②肖…　Ⅲ．①高中—教学管理—研究　Ⅳ．①G637.3

中国版本图书馆CIP数据核字（2021）第263072号

创·智·慧：普通高中素养本位智慧教学探索
王书力　肖龙海　主编

策划编辑　吴伟伟
责任编辑　陈　翩
责任校对　丁沛岚
封面设计　浙信文化
出版发行　浙江大学出版社
（杭州市天目山路148号　　邮政编码　310007）
（网址：http：//www.zjupress.com）
排　　版　杭州林智广告有限公司
印　　刷　浙江新华数码印务有限公司
开　　本　710mm×1000mm　1/16
印　　张　12.5
字　　数　185千
版 印 次　2022年5月第1版　2022年5月第1次印刷
书　　号　ISBN 978-7-308-22134-4
定　　价　52.00元

前 言

杭州市余杭中学是一所历史悠久、具有浓厚文化艺术氛围的高级中学。学校前身为余杭县立简易师范学校，创立于1944年，历经半个多世纪的沧桑，已发展成为具有现代教育功能的知名中学。学校倡导以学生自主学习、主动发展为核心的教学改革，培养学生自学、自评、自测、自控的自主学习能力，面向全体学生，全面推行素质教育。

《中国教育现代化2035》在提出的十项战略任务中特别指出，要加快信息化时代教育变革，建设智能化校园，统筹建设一体化智能化教学、管理与服务平台；利用现代技术加快推动人才培养模式改革，实现规模化教育与个性化培养的有机结合。大数据时代，现代信息技术赋能素养本位教育，促进学生全面而个性化地最优发展。

杭州市余杭中学于2009年搬迁到杭州未来科技城核心板块，毗邻之江实验室、中国（杭州）人工智能小镇，极为显著的区位优势为学校智慧教育建设与发展提供了得天独厚的资源条件与巨大动力。人工智能特色小镇建设与发展带动了区域经济、社会、文化与教育智能化、网络化、数字化飞速发展。

通过技术革新来支持教育工作者向新时代过渡，从而保持教育的先进性，满足学生个人需求，为适应未来生活做准备，这是全球教育发展的战略决策。经济合作与发展组织（OECD）2020年发布的报告《科技与创新的数字化：关键发展与政策》显示，至少一半的OECD成员国已经采取了一项具体的数字教育战略，从政府层面推动教育的数字化转型，例如加速更新信息通用技术基础设施（ICT infrastructure）、灵活运用数字化学习平台与人工智能等现有技术。当然，现代信息技术的教育运用必须服务现代以学习者为中心的教育教学系统，而不是强化传统的教师中心教学。库班（Larry Cuban）在一项调查研究中发现，技术对教师教学的影响实际上十分有限，若教师只是在课堂中常规地使用电脑或平板等技术载体来促进教学的实施，虽然在一定程度上提高了课堂教学效率，但是并没有改变“以教师为中心”的核心教学过程与理念，反而使得这种教师占主导的课堂得到了强化。也就是说，将技术置于传统的教学模式下进行零散的学校改革，并不能实现个性化教学、终身学习、教育公平等目标。技术助推教育变革需要教学法的引领与系统化的设计。正如美国《国家教育技术规划2010》（NETP，2010）中强调的，为了实现重塑学校教育的目标，教育系统需要革命性的变革，而不是进化式的修修补补。

良好素养成就美好未来，素养本位教育引领未来美好教育发展方向。迎着教育信息化的时代浪潮，在“教育+互联网”背景下，杭州市余杭中学与浙江大学教育学院联合课题组聚焦素养本位教育，关注课堂教学改革，开展了普通高中素养本位智慧校园、智慧教学的建构与运作研究。以“创新”“智联”“慧智”（简称“创·智·慧”）为核心理念，通过“智慧关爱管理系统”和“智慧课堂教学系统”的构建与运作，从学生数字德育、电子档案、生活健康三个维度进行数据的集群归纳与分析；从师生关系的新范式、课堂教学的新样态、教学评价的新模式三个维度进行数据挖掘和整合应用。余杭中学将现代化技术与学校德育工作、教学改革相融合，实现学生在身心成长和学业发展双重维度上的优化，构建具有鲜明时代特征的教育信息化学校。

新时代背景下，智慧教育教学的优化与改进，是立德树人、提升学生核心素养的主渠道。2018 年 9 月，为了进一步提升办学层次，更好地呼应人工智能小镇经济、社会与教育协调发展，学校启动了智慧校园建设。2020 年，为了进一步深化课改，学校聚焦素养本位课堂建设。素养本位智慧教学是浙江大学与杭州市余杭中学“伙伴合作”的成功实践。浙江大学教育学院博士生导师肖龙海教授研究团队深入学校开展教育行动研究，携研究生一次次来校，既做调研考察，又进行交流指导，与王书力校长以及学校骨干教师一同深入课堂做教育教学研究，把论文写在课堂里。

本书呈现的就是大学与中学“伙伴合作”行动研究的成果。老师们在先进教育教学理论的引领下，结合普通高中的教学实际，开展了日常的、有效的研究与实践。如：何艳老师执笔的第 3 章“Google Earth 支持下的地理智慧课堂建构”，范丽娜老师执笔的第 4 章“XMind 构建生物思维导图式知识网络”，程玲老师执笔的第 5 章“基于 CRS 的高中英语听力课堂设计”，侯小娟老师执笔的第 6 章“巧用影视资源建构高效语文课堂”，常辉老师执笔的第 7 章“动态化语文智慧课堂设计”，余文老师执笔的第 8 章“巧用学科软件提升数学素养”，章娟娟老师执笔的第 9 章“基于数学实验的数学课堂模式建构”，吴海娟老师执笔的第 10 章“基于核心素养提升的议题式教学在政治学科教学中的应用”，张彬老师执笔的第 11 章“基于在线学习的高中物理概念教学”，张玉茹老师执笔的第 12 章“唤醒·提升·建构——高中学生建构信息技术学科知识体系的策略”，等等，都显示出新时代背景下教师对素养本位课堂的把握与创新，对智慧课堂的实践与运用。书中其他章节由王书力、肖龙海、孙吉凤、仇晓春执笔撰写，王书力、肖龙海作为主编，设计了全书框架结构并审阅书稿，肖龙海、仇晓春指导书稿的总结与撰写，并对书稿进行修改、充实与润色，孙吉凤作为副主编协助主编做了大量的整理工作以及组织协调工作。

在教育信息化时代，以知识传授为核心的传统教学模式远远不能够满足当前高质量教育教学改革与发展的需要，传统教学模式需要转型升级。

创·智·慧素养本位的智慧教学（课堂）是值得探索尝试的道路，我们很庆幸自己能够迈入并在此道路上进一步研究、实践、创新，为美好教育积累更多生动、丰富的实践样本。实践创新永无止境，我们将不忘初心、永远向前进。

感谢各位领导、专家，以及各位同人的关心、鼓励与支持，使课题顺利开展，从而才有本书的付梓；感谢浙江大学出版社吴伟伟编辑团队，他们的辛苦工作为本书增色添彩。由于编著者水平有限，书中不当和错误之处难免，恳请各位读者、专家不吝指正。

目 录

CONTENTS

CONTENTS

CONTENTS

第1章 基础教育中智慧教育的价值与研究现状

知识经济时代，数字化技术逐渐渗入教育领域的各个阶段，尤其对传统教学模式产生巨大冲击，由此，智慧教学作为新型的教学模式应运而生。以培养智慧的人为核心的智慧教育引领教育信息化的创新发展，从而带动教育教学的创新发展，已成为信息时代的必然趋势。

在教育信息化时代，以知识传授为核心的传统教学模式不能够满足当前教学改革的需要，传统教学模式亟须转变。创建智慧型课堂教学，为促进信息技术与课堂教学深层次的融合、培养智慧型人才提供了新思路。

第 1 节　智慧教育的价值

一、优化学生学习体验

智能技术的发展有助于创设有意义的学习环境，满足学生多样化的学习需求，优化学生的学习体验，提高学习效率。基于虚拟现实（VR）和智能技术的教育游戏，能够为学习者提供身临其境的学习环境，营造自由开展科学探究的氛围。同时，游戏机制的引导，能够帮助学生结构化地、有针对性地锻炼科学探究的技能，从而更高效地提升学生科学探究的能力。

智慧教育使得学生的学习不再受到物理空间的限制，可以在任何地方开展有意义的学习。移动设备和智能技术的使用，使得学生在课外的 STEM 教育[①]活动也能更高效地聚焦于学习目标，帮助学生更有效地体验科学探究项目学习。

二、辅助教师高效教学

智慧教育对个性化学习具有特殊的意义。充分使用教育数据挖掘与学习分析技术，实时追踪并动态获取每一位学生的学习行为数据，深入分析学习者的行为差异以及产生的原因，能够有效地支持个性化教学。开放教育资源（open education resources，OER）为教师提供了一个持续改进的新机会。智能技术的使用将教师从作业批改、简单测试等机械重复的环节中解放出来，让教师可以将更多的精力转移到课程设计和课堂互动等教学活动，以更好地培养学生的能力、素养、人格等，实现差异化教学。

三、助力教师发展与培养

智能技术的使用也为教师职业发展提供了新的平台与工具。STEM 教育是中美两国乃至全球教育的热点议题，但是教师短缺的问题严重阻碍了 STEM 教育在中美两国的发展。美国政府通过让工程师或其他行业的专业人士参与设计和传授 STEM 课程以缓解专业教师不足的问题。智能技术的使用，使得更多的 STEM 相关产业的专业人士可以通过远程连接甚至虚拟协作的方式“走入”中小学的 STEM 课堂。

在我国，依托各级教育主管部门和各地师范类院校，为中小学在职教师开展围绕 STEM 主题的相关培训，有力地贯通了理论与实践。借助新一代信息技术，通过在线直播课堂拓展教师培训的范围，并通过互联网技术构建 STEM 教师群体的网络交流空间，共同开展教学研讨，有助于优质教学资源

---

① STEM教育强调对学生实施科学（science）、技术（technology）、工程（engineering）、数学（mathematics）等4个学科的教育。

的共建共享。

四、辅助精准评测

新一代信息技术的兴起，特别是基于大数据的学习分析，以及脑神经科学对学习过程的进一步揭示，使得对教育效果和过程的评测更高效、更全面。传统的纸笔测试方式和总结性评价难以对 STEM 教育作出正确评测。美国北得克萨斯州大学教授斯派克特（Michael Spector）构建了智慧学习环境以评测学生发展批判性思维的效果，为 STEM 教育中的多维科学评价提供了创新实践的机会。我国在 STEM 领域使用信息技术支持教学评测的实例，包括对学习过程的数据采集，基于大数据的学习分析，学习者建模，以及对学生学业多维度的评测工具。尽管评测工具与模型依然在发展过程中，但是信息技术带来的评测手段的变革，可以提供更精准的教学支持，为满足学生个性化学习的需求提供有力保障。

五、辅助科学化的教学治理

智能技术的使用可以提高学校服务水平，促进教育决策的科学化和资源配置的精准化。表现在以下方面：优化了学习管理系统，教师可以更全面科学地为学生个性化学习提供服务；学校可以精准定位特困学生，及时予以帮助；提供学习预警功能，帮助教师及早发现沉迷游戏的学生，进行合理干预。

第 2 节　智慧教育研究现状

一、智慧教育国际研究

（一）各国政府层面研究

依托于全球信息化发展的大趋势，新加坡、韩国、美国以及欧洲多个国家都针对本国教育发展制定了行之有效的战略规划。特别是在智慧教育研究方面，这些国家更是不遗余力，并取得了显著的成效。新加坡政府在2006年6月发布“智慧国（iN2015）”计划，其中智慧教育发展作为重要的组成部分，旨在以充分应用信息技术为前提，改变教学方式并开发新的学习资源，将智慧教育发展统括到新加坡教育信息化顶层设计总体规划内。①

韩国教育科学技术部（MEST）2011年发布的《推进智慧教育战略》，成为韩国落实智慧教育推进战略的总体纲领。

美国自1996年起陆续发布4个教育信息化规划，同时，在美国的智慧教育战略中，技术发展被视作智慧教育发展的主要特征，因此，教育技术变革成为美国基础教育乃至高等教育的主要发展趋势，教育信息资源的开发与教育数据的深度融合成为美国未来智慧教育发展的研究重点。②

欧洲的智慧教育研究，主要侧重学习系统与学习工具的研究，目的是解决信息化学习环境中面临的种种问题，提高教育教学质量。例如欧盟“第七框架计划”（7th Framework Programme，FP7）包含了通过信息技术手段应用推动欧洲各国智慧教育教学水平的策略。

2013年以来，美国新媒体联盟发布的《地平线报告》集中全球范围内多个国家的知名技术专家，共同探讨新兴信息技术对基础教育和高等教育阶段教学、学习与创造性探究的潜在影响和实践应用。这对智慧教学的研究与发展有着推进作用。报告的基础教育版呈现了全球范围内先进技术与理论对基础教育教学的影响，对各国基础教育的发展都有着不同程度的借鉴意义。

可以说，国际上对智慧教育与教学的研究，主要侧重两个目标：一是智能信息技术与智慧教育教学的深度融合；二是培养具有21世纪生存技能和核心素养的创新型人才。

---

① 朱莎，张屹，杨浩，等.中、美、新基础教育信息化发展战略比较研究[J].开放教育研究，2014（2）：34-45.

② 唐斯斯，杨现民，单志广.智慧教育与大数据[M].北京：科学出版社，2017.

（二）文献量化分析

以“TS=(smart education OR smart teaching OR smart classroom) AND TS=(basic education OR elementary school OR primary school OR middle school OR high school)”为检索式，在 Web of Science（WoS）核心数据库中搜索 2010—2020 年的相关期刊文献，剔除无关、无效和重复文献，共得到 185 篇文献。发文情况见图 1-1。由此可知，2010—2020 年，基础教育中智慧教育研究总体呈现较为稳定的发展趋势，这也与下文中关键词分析未发现突变的情形相互印证。

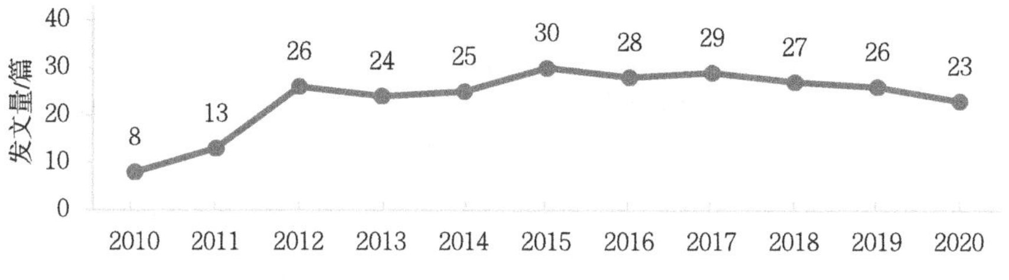

图 1-1　WoS 文献发文情况

使用 CiteSpace 对这些文献进行了关键词分析。首先可以发现，2010—2020 年，出现频率最高的关键词分别是：mobile learning、education、App、elementary education、smart classroom、high school/introductory chemistry、ict。按照年份进行重新排列，得到表 1-1。可以发现，基础教育中的智慧教育，逐渐从关注教育整体转向聚焦具体技术，再到注重以智慧课堂为代表的学习方式。但未发现具有突发性的关键词，说明整体研究发展较为平稳，没有出现突然集中的研究趋势。对关键词进行聚类，得到图 1-2。从中可以发现，已有研究集中区域，按照时间排列为 smart board use、exploratory study、on-campus use、App designer 和 learning environment，与关键词变化趋势一致。

表 1–1　国际研究关键词

频　率	中心度	年　份	关键词
4	0.02	2019	smart classroom
8	0.09	2015	mobile learning
3	0.03	2015	App
3	0.00	2014	ict
8	0.07	2012	education
3	0.00	2012	high school/introductory chemistry
4	0.02	2010	elementary education

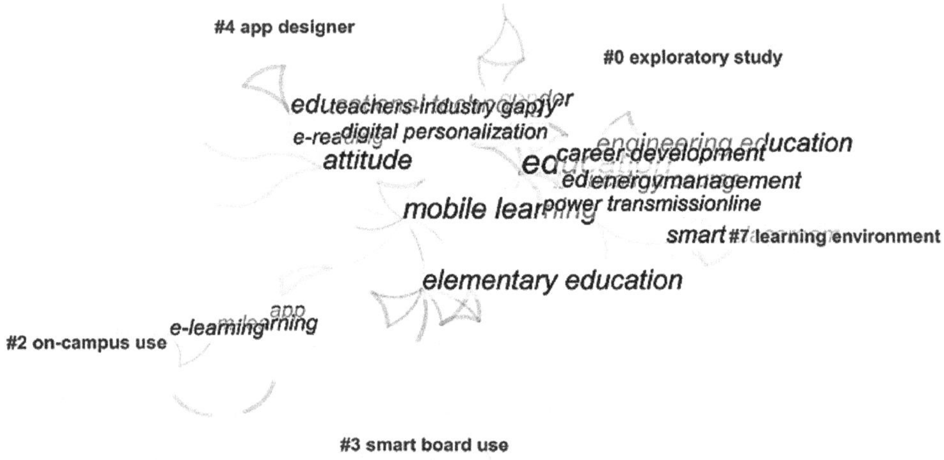

图 1–2　国际研究关键词聚类

使用 CiteSpace 对这些文献进行共被引聚类分析，得到图 1–3。

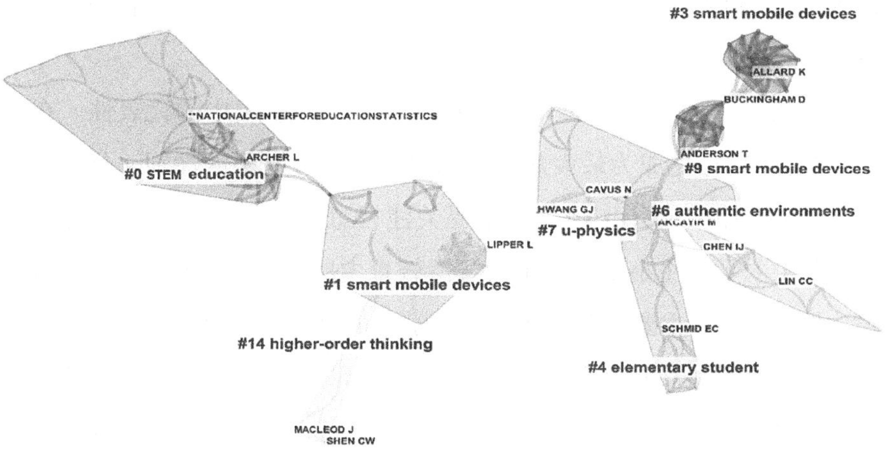

图 1–3 国际研究关键词共被引聚类

图 1–3 中较具代表性的 5 个聚类，详见表 1–2。

表 1–2 国际研究共被引聚类

序号	数量	S值	年份中值	主题词（LLR值）
0	31	0.993	2010	STEM education (3.44); gender (3.44); equity (3.44); identity (3.44); informal learning (3.44); elementary science (3.44); ethnography (3.44); reform–based science (3.44); role model (3.44)
1	29	0.977	2012	smart mobile devices (2.11); unauthorised access (2.11); security survey (2.11); boys (2.11); mobile security (2.11); cyber crime (2.11)
4	14	0.858	2011	elementary student (5.22); information and communication technology (5.22); interaction (5.22); interactive whiteboard (5.22); smart mobile devices (0.18)
6	11	0.898	2012	authentic environments (5.9); review (5.9); mobile language learning (5.9)
7	11	0.934	2011	U–physics (3.22); student experience (3.22); applying formula (3.22); change management (3.22); data led (3.22); higher education (3.22); pendulum learning (3.22)

从表 1–2 可以看出，各聚类 *S* 值均高于 0.7，表明相应聚类非常令人信服。因为此聚类为共被引聚类分析，所以各聚类的年份中值均较早，这与关键词分析能体现出各年代趋势是不同的。同时，5 个聚类共有文献 96 篇，占

全部 185 篇文献的 51.9%，这表明已有研究较为集中，形成了较为明确的研究主题。

各聚类中不同主题词的 LLR 值代表了其在该聚类中的代表性。在聚类 0 中，STEM 教育化成为最大热点，同时，智慧教育中的性别、公平和身份等主题也受到极大关注；聚类 1 主要关注智慧教育的技术、安全与法律问题；聚类 4 主要关注小学教育中的智慧教育主题；聚类 6 主要关注智慧学习环境主题；聚类 2 主要涉及具体科目及学习内容、方式等。

对现有文献进行作者及所在国家分析，可以发现，形成了 3 个非常明显的研究群体：一是美国，二是中国，三是比利时、澳大利亚（见图 1–4）。从表 1–3 中可以发现 3 个群体的研究热点。其中，美国与中国的研究热点基本相似，但各自独立发展，而比利时与澳大利亚在智慧教育领域的研究热点更为广泛。

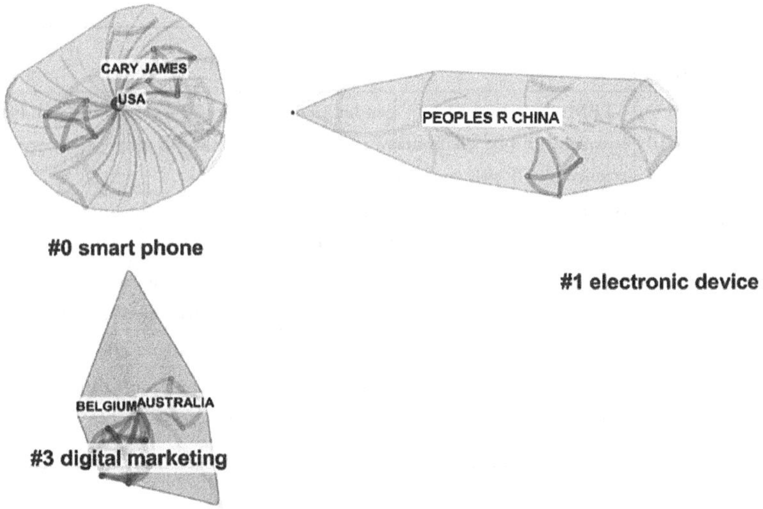

图 1–4 国际研究中作者聚类分析

表 1–3　国际研究中作者聚类分析

序号	数量	S值	年份中值	主题词
0	57	0.972	2016	smart phone; electronic device; modeling tool; doing physics lab; internet attitude; scientific modeling
1	21	0.998	2016	electronic device; smart phone; modeling tool; doing physics lab; internet attitude; scientific modeling
3	16	0.99	2013	digital marketing; exploratory cross–disciplinary study; new platform; marketing campaign; digital channel; further research; new media; commercial purposes; building children; media literacy; data mining; cyber–safety education; personalised message; digital technologies

（三）文献内容分析

国际智慧教育研究主要涉及以下 5 个大主题和 11 个小主题，见表 1–4。

表 1–4　国际智慧教育研究主题

大主题	小主题	代表性研究
基于云	基于云的环境	Bajaj & Sharma, 2018; Stoica et al., 2018
IoT	移动应用	Chacón et al., 2018; Kim et al., 2018; Lytras et al., 2018
	网络应用	Abdel–Basset et al., 2018; Adeyemi et al., 2018; Anttila & Jussila, 2018
大数据	SQL	Sykes, 2014
	预测分析	Gomede et al., 2018
	多媒体	Abdel–Basset et al., 2018; Bajaj & Sharma, 2018
智慧校园	智慧课堂	Kim et al., 2018; Lytras et al., 2018; Yang et al., 2018
	智慧图书馆	Chi et al., 2018; Kassab et al., 2018; Schaffhauser, 2018
主题	隐私	Abdel–Basset et al., 2018; Anttila & Jussila, 2018
	安全	Abdel–Basset et al., 2018; Anttila & Jussila, 2018
	注意力分散	Anshari et al., 2017; Jamir et al., 2019; Qudah et al., 2019

在主要基于云的环境中，传统教室转变成智慧教室，能够随时随地呈现、开展和评价个性化学习内容。基于云的应用有助于降低学习管理系统（learning management system，LMS）的移动性需求，学生可以借此接触学习材料、进行小组讨论和练习。通过移动应用，能够评价和管理这些学习材料，使用基于网络的应用也可以实现这一点。

在近来的信息与通信技术（information and communication technology，ICT）研究中，大数据发挥了关键作用，提供了更好的学习服务创新。而且，有必要开发有效的分析工具，来管理各种LMS所产生的数据。过去20多年，大多数组织决策都基于大数据。大数据分析工具需要进行适当开发，以用于分析和评估通过学生在线活动所收集的数据，也用于分析学生的背景、行为和学习进展。比如，SQL数据库和预测分析（predictive analytics）① 作为分析技术，都能生成学习文件袋。现象学方法也可用于创建学习文件袋，借以培养小学教师，传授其教学法知识、信息素养以及思维技能。② 智慧教室能够利用不同工具，通过多媒体，为学生提供高层次的学习体验。③ 但智能手机等智慧设备被认为会降低学生的注意力。智能手机本身是一种价格适宜的学习工具，但使用不当会造成严重影响。学生接触大量冗余信息，持续沉迷移动社交网络，会严重阻碍学习。

二、智慧教育国内研究

（一）文献量化分析

以"智慧教育/智慧教学/智慧课堂+基础教育/小学/初中/高中/中学"为关键词，在知网中搜索2010—2020年的相关期刊文献，剔除无关文献，实际发表年限为2010—2019年，共得到89篇文献（见图1-5）。选择2010—2020年，是因为2010年以前的智慧教育，更多的是强调教育中的智慧，与现有理解有较大差异。

① Gomede E H, Briganó U, de Barros R M, et al. Application of computational intelligence to improve education in smart cities[J]. Sensors, 2018(1): 328-334.

② 唐斯斯，杨现民，单志广. 智慧教育与大数据[M]. 北京：科学出版社，2017.

③ Kim Y, Soyata T, Behnagh R F.Towards emotionally aware AI smart classroom: Current issues and directions for engineering and education [J]. IEEE Access, 2018(6): 5308-5331.

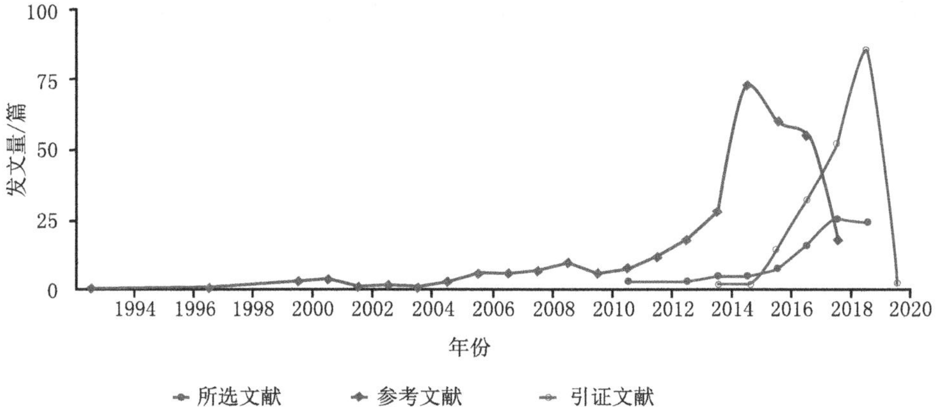

图 1–5　CNKI 国内文献发文情况

从图 1–5 可以看出，智慧教育研究在 2016 年开始快速推进，2018 年达到高峰。参考文献与所选文献的时间曲线并未体现出一致性，可能是因为所选文献与其参考文献并不属于同一主题。而引证文献与所选文献曲线相似，说明智慧教育研究对相关领域研究产生了直接影响和推动作用。

使用 CiteSpace 对这些文献进行关键词分析，得到表 1–5。可以发现，2010—2020 年出现频率最高的关键词分别是：智慧教学、教育信息化、信息技术、小学数学、智慧课堂、基础教育、智慧教育。其中，智慧教学和智慧教育具有较高突发性，说明二者受到特别关注。而中心度最高的关键词为智慧教学与教育信息化，表明二者最具有代表性。

表 1–5　国内研究关键词

频率	突发	中心度	关键词
25	12.32	0.59	智慧教学
16	7.75	0.21	智慧教育
10		0.38	智慧课堂
10		0.29	基础教育
7		0.42	小学数学
4		0.57	教育信息化
3		0.55	信息技术

使用 CiteSpace 进行主题聚类分析，得到图 1–6。可以发现，各聚类之间

的相互覆盖面非常小，表明研究相对分散。对各聚类的主题进行提取，见表1-6。

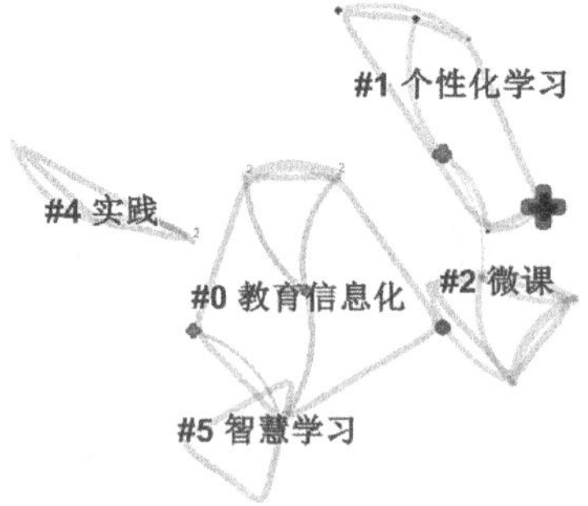

图 1-6 国内研究主题聚类

表 1-6 国内研究主题聚类

序号	数量	S值	年份中值	主题词（LLR值）
0	6	0.917	2017	教育信息化（11.15）；信息技术（4.36）；基础教育（4.36）；智慧课堂（4.32）
1	6	0.946	2017	个性化学习（7.04）；智慧课堂（4.92）；初中化学（4.66）；小学语文（4.66）；智慧教学（3.24）
2	4	0.879	2017	微课（9.66）；思维导图（6.38）；情境（6.38）；小学数学（6.19）；智慧教育（3.87）；英语语法（3.16）；认知规律（3.16）；探究（3.16）
4	3	1.000	2016	实践（7.93）；智慧教育（6.19）；信息化解决方案（3.92）；教育装备（3.92）
5	3	0.875	2018	智慧学习（7.23）；骨干教师（5.36）；初中英语（5.36）；学习资源（5.36）；语文课堂（5.36）；初中语文（5.36）；智慧教学手段（5.36）；学养发展（5.36）

从表 1-6 可以看出，各聚类 *S* 值均高于 0.7，表明相应聚类非常令人信服。而各聚类的年份中值为 2016—2018 年，这也与图 1-5 中所选文献发表高峰时间相呼应。同时，5 个聚类共有文献 22 篇，只占全部 89 篇文献的 22.7%，这从侧面反映了基础教育中智慧教学现有研究较为分散，未形成足够的研究中心。这与 CiteSpace 作者分析情况相呼应。对所选文献进行作者分析，未能形成聚类，作者的中心度均为 0。这说明基础教育中智慧教学研究

还未出现具有相当影响力的作者及文献。

各聚类中不同主题词的 LLR 值代表了其在该聚类中的代表性。在聚类 0 中，教育信息化当之无愧地成为最具表现性的主题，这与 21 世纪以来的教育改革趋势一致，也是智慧教学的根本推动力之一。从聚类 1 可以发现，智慧课堂和智慧教学成为个性化学习的重要主题，在初中化学和小学语文中开展了相关实验。在聚类 2 中，微课成为智慧教学的主要形式，现有研究强调情境化学习和探索符合学生认知水平的思维方式，在小学数学和英语语法教学中开展了相关实验。后面的聚类数量较少，仅作展示，无须分析。

（二）智慧教育研究内容分析

1. 智慧教育与智慧教学理论

梳理已有的文献，发现国内对智慧教学理论层面的研究已经有了较为系统的脉络，主要包括智慧教育与教学的内涵、智慧教育体系架构、智慧教育学习环境设计、教学模式构建、智慧资源设计、智慧教育生成和发展策略等方面（见表 1–7）。

目前已经有研究指出，智慧教育的实施需要智慧教学法、智慧学习实践和智慧学习评价，并且智慧学习环境、新型教学模式和现代教育制度是智慧教育实现的三个境界。①

智慧教育的核心目标是实现教育的创新与变革，终极目标是实现人的全面发展。② 祝智庭、贺斌认为，信息时代的智慧教育，是指通过构建智慧学习环境，运用智慧教学法，促进学习者进行智慧学习，从而提升成才期望。即培养具有高智能和创造力的人，利用适当的技术智慧地参与各种实践活动并不断地创造价值，实现对学习环境、生活环境和工作环境灵巧机敏的适

① Anagün S, Atalay N, Kandemir C M. E-portfolio implementation experiences of prospective primary school teachers[J]. Turkish Online Journal of Qualitative Inquiry, 2018(2): 102-124.

② 金江军. 智慧教育发展对策研究[J]. 中国教育信息化，2012（22）：18-19.

应、塑造和选择。[①] 杨现民从信息技术的视角出发，认为智慧教育是依托物联网、云计算、无线通信等新一代信息技术所打造的物联化、智能化、感知化、泛在化的教育信息生态系统，是数字教育的高级发展阶段，是当代教育信息化发展的新境界和教育现代化追求的重要目标。陈琳认为，智慧教育是高度信息化支持发展的适应数字新一代的教育新形态，是适当而有效地利用现代信息技术实现智慧化教学、智慧化学习、智慧化评价、智慧化管理、智慧化服务以及增进学生高级思维能力和创新创造能力培养的教育，以实现教育由不完全适应社会发展转向适应社会发展，进而引领社会发展。[②]

表 1-7　智慧教育的内涵、组成要素及特点[③]

基本内涵	组成要素	特点
1. 通过构建技术融合的学习环境，让教师能够施展高效的教学方法，让学习者能够获得适宜的个性化学习服务和美好的发展体验，使其由不能变为可能，由小能变为大能，从而培养具有良好的价值取向、较强的行动能力、较好的思维品质、较深的创造潜能的人才 2. 智慧教育是依托物联网、云计算、无线通信等新一代信息技术所打造的物联化、智能化、感知化、泛在化的教育信息生态系统，是数字教育的高级发展阶段 3. 智慧教育是教育信息化发展的高级阶段，是教育行业的智能化	1. 以智慧学习环境为技术支撑 2. 以智慧教学法为催化促导 3. 以智慧学习为根本基石	1. 教育特征：信息技术与学科教学深度融合、全球教育资源无缝整合共享、无处不在的开放、按需学习、基于大数据的科学分析与评价 2. 技术特征：情境感知、无缝连接、全向交互、智能管控、按需推送、可视化、集成化、自由化、体验化

资料来源：刘晓琳，黄荣怀．从知识走向智慧：真实学习视域中的智慧教育 [J]. 中国电化教育，2016（3）：14–20；祝智庭，管珏琪．教育变革中的技术力量 [J]. 中国电化教育，2014（1）：1–9；杨现民．信息时代智慧教育的内涵与特征 [J]. 中国电化教育，2014（1）：29–34；祝智庭．智慧教育新发展：从翻转课堂到智慧课堂及智慧学习空间 [J]. 开放教育研究，2016（1）：18–26.

智慧教育本体研究的下一步，就是智慧教育系统内对智慧教学的定位。

① 祝智庭. 智慧教育新发展：从翻转课堂到智慧课堂及智慧学习空间[J]. 开放教育研究，2016（1）：18-26.

② 陈琳，陈耀华，郑旭东，等.智慧教育中国引领[J].电化教育研究，2015（4）：23-27.

③ 祝智庭，贺斌.智慧教育：教育信息化的新境界[J].电化教育研究，2012（12）：5-13.

根据杨现民和余胜泉等构建的智慧教育体系，智慧教学应该属于现今在智慧教育背景下教育主流业务的主要环节，通过信息技术与其深度的融合，进而促进教育利益相关者的智慧的养成与可持续发展。① 黄荣怀等从学习环境变革的角度出发，指出智慧学习环境是为了实现如下目标：让教育研究者更加重视新型学习环境的创设；让教育管理者充分认识到学习环境对学与教方式变革的支持作用；让学习环境的建设者从学与教方式变革的角度，构建适应新时期学生需求的学习环境；让教师从以学习者为中心的理念出发，利用学习环境进行个性化教学；让学生可以轻松地、投入地和有效地在可感知的、自适应的、智能的学习场所学习。② 钟绍春等认为，智慧教育是指在“互联网 +”、大数据、人工智能、虚拟仿真等信息技术的支持下，让学生能够主动学习、根据自己的需要学习、按照适合自己的方式合作学习、找到适合自己的学习环境学习、找到最适合自己的伙伴学习、由最适合自己的教师指导学习，逐步形成系统的思维能力和创新性的思维能力。人工智能技术能够实现对学生学习过程的记录和学习情景的识别，传感技术能够实现对学习情境和学习环境的感知，通信技术则能够实现学习者的有效连接。③

智慧教育模式研究主要基于“互联网 +”新型教学模式，体现在两个层面：一是利用互联网技术、信息技术、移动终端等，集合微课、慕课翻转课堂的优点，创建智慧教学环境，在课堂教学中为学生自主学习、个性化学习提供支持，以实现智慧化教学；二是在智慧教学环境下，挖掘学生潜能，使教育教学不再是简单的知识传授，而是以培养学生智慧为核心的综合素质培养。有学者将智慧教学理念用于翻转课堂，将微课作为翻转课堂的重要环节，其可以为教师进行高质量教学提供基础，便于教师针对学习者的

---

① 杨现民，余胜泉.智慧教育体系架构与关键支撑技术[J].中国电化教育，2015（1）：77-84.

② 黄荣怀，杨俊锋，胡永斌.从数字学习环境到智慧学习环境：学习环境的变革与趋势[J].开放教育研究，2012（1）：75-84.

③ 钟绍春，唐烨伟，王春晖.智慧教育的关键问题思考及建议[J].中国电化教育，2018（1）：106-111，117.

个人特征和基础进行个性化教学。[①]

郑旭东等深入分析了智慧资源所具有的泛在、进化、联通、自适应、个性推送、多维交互性等特征，提出智慧资源应为智慧化的教学和学习提供必要的支撑，贯通正式学习和非正式学习，满足学习者智慧化的发展需求。[②] 此外，由于微课具有资源与课程两种属性，微课教学也成为新型智慧教学模式下研究的重点。陈琳和王运武将微课设计的智慧总结为“效果”“开放”“多元”“视动”“巅峰”“引领”“易”“灵”“研创”“立体”以及“评价”，这也是面向智慧教育的微课设计十大原则。[③] 陈耀华等从课程目标、课程教师协同、课程内容、课程形态和课程资源等5个方面对智慧型课程的特征进行了探讨。他们认为，智慧教育的关键在于尽快实现由培养知识人转向培养创新创造之人的历史性转变和时代飞跃，而这种转变和飞跃要以课程学习目标的“知行创”统一、课程教师全新意义上的专业协同、课程学习内容的时代性、课程形态的全维融合性以及课程资源的立体生成性等五大智慧性特征为前提和保障。[④] 从本质上来说，智慧教学的达成就是教师智慧教学能力和学生智慧学习能力的提高，从而达到教与学的统一。

2. 智慧教育与智慧教学实践

教学模式是智慧教育系统的核心要素，能为具体的教育活动提供相对稳定的实践体系。目前，越来越多的研究者对智慧教学模式开始进行实际的应用研究。魏静以多地区开展的智慧型课堂以及具体的课堂教学过程分析作为实例说明，尝试提出建构智慧型课堂的实施策略，指出教师需要在讲授、提问、启发、调控、指导等各个教学环节具有智慧；学生要学会智慧性学习，

① 代洪彬. 基于智慧教学理念的翻转课堂教学流程与互动系统设计[J]. 中国教育信息化，2016（22）：29-31.

② 郑旭东，杨现民，岳婷燕. 智慧环境下的学习资源建设研究[J]. 现代教育技术，2015（4）：27-32.

③ 陈琳，王运武. 面向智慧教育的微课设计研究[J]. 教育研究，2015（3）：127-130，136.

④ 陈耀华，陈琳. 智慧型课程特征建构研究[J]. 开放教育研究，2016（3）：116-120.

提升自主学习能力、合作学习能力、探究学习能力、建构学习能力。① 谢丰田基于黄荣怀等提出的智慧教室的“SMART”概念模型，认为智慧课堂教学模式的有效性研究可以从内容呈现、组织管理、资源获取、及时互动、检测评价等 5 个方面对教学模式中的每一教学环节进行系统评价，以智慧课堂的特征为基础，结合课堂观察的实际情况，收集典型教学案例，对“SMART”概念模型进行实践应用。② 李祎构建了“2P-7E-2E”的小学数学智慧教学模型，并通过模型应用对所提出的智慧教学模型进行了效果分析。③ 张屹构建了智慧教室中的 iPad 电子教材设计框架并开发了智慧教室中的 iPad 电子教材，还进行了实验。④ 智慧教学模式仍需要在实践中不断验证其可行性，并进一步优化完善。

3. 智慧教学评价

智慧教学评价研究主要聚焦于教师和学生两方面。陈婷在构建智慧教学模型的同时提出了多元的评价观，通过形成性评价与总结性评价相结合的方式，针对学生进行综合评价。评价内容为知识掌握能力、自主学习能力、合作能力、探究能力、问题分析与解决能力。线上依据相关的学习行为、学习偏好、学习习惯等数据进行评价，线下评价内容包括课堂学习状态、自我评价和学习效果。⑤ 凌媛佳针对小学语文学科提出了智慧教学发展策略，其中智慧教学评价主要采取自配教学软件的自动批阅、教师反馈相结合的方式对学生进行精准评价⑥。

---

① 魏静.论智慧型课堂的构建[D].锦州：渤海大学，2015.

② 谢丰田.基于智慧课堂的教学模式有效性研究[D].福州：福建师范大学，2016.

③ 李祎，钟绍春，周拓.信息技术支持下的小学数学智慧教学模型研究[J].中国电化教育，2016（11）：128-133.

④ 张屹，陈蓓蕾，李晓艳，等.智慧教室中基于APT模型的iPad电子教材设计与应用研究：以小学英语五年级上册《Toby's Dream》为例[J].电化教育研究，2016（8）：63-71.

⑤ 陈婷.“互联网+教育”背景下智慧课堂教学模式设计与应用研究[D].徐州：江苏师范大学，2017.

⑥ 凌媛佳.小学语文课堂智慧教学策略研究[D].金华：浙江师范大学，2017.

张雅等认为，智慧教学注重学生与现代化教学工具之间的适用性和实用性，学习者与智慧学习内容之间的理解性和掌握性，学生与学习成果之间的转换性和创新性，力求优质教育资源公平共享，教育效率得到提升。① 刘晓鸣从理论层面提出了智慧教学评价方式，认为智慧教学评价的对象是多样化的，其评价维度是立体化的，其评价主体是多元化的；教师、教学专家以及家长等多方人员参与，共同对学生、教师、教学内容以及教学过程等教学要素进行系统化的评价。② 庞敬文等基于深度学习视角，依据教学时序（课前、课中、课后）构建了智慧课堂评价指标，主要包括教学目标、教学内容、教学资源利用、教学环节、学习结果、能力提升等基本要素，从而形成了智慧课堂评价指标体系。③ 唐烨伟等针对小学数学学科提出了网络学习空间下的智慧课堂教学策略，其中，在教学评价环节，主要从教师的教学行为、学生的学习行为（包括学习习惯、学习需求、学习困难、学习方式等）两方面进行评价。④ 于淼楠主要从教与学两方面构建了智慧学习环境下的高阶思维能力评价体系，共包含 39 项三级指标，主要关注教师教学准备阶段是否充分、教师是否能够合理利用资源和工具、教师能否有效地设计学习框架、学生在学习过程中的主动参与度、学生的合作能力、学生的思维能力等方面。⑤ 施珺等提出，评价方式可以是教师评价、学生评价、同伴互评，评价对象主要是教学态度、教学效果、教学手段等教学要素，评价工作由专家学者、教师、学生共同完成。⑥

---

① 张雅，夏金星，孙善学．“互联网+”背景下职业教育课程智慧教学研究[J]．中国职业技术教育，2017（23）：8-12.

② 刘晓鸣．素质教育背景下智慧教学研究[D]．长春：吉林大学，2015.

③ 庞敬文，张宇航，唐烨伟，等．深度学习视角下智慧课堂评价指标的设计研究[J]．现代教育技术，2017（2）：12-18.

④ 唐烨伟，樊雅琴，庞敬文，等．基于网络学习空间的小学数学智慧课堂教学策略研究[J]．中国电化教育，2015（7）：49-54.

⑤ 于淼楠．智慧学习环境下高阶思维发展的评价研究[D]．长春：东北师范大学，2016.

⑥ 施珺，李慧．从数字教育走向智慧教育[J]．计算机教育，2019（11）：33-37.

三、研究评述

第一，现有研究主要从教学视角和信息技术发展视角分别进行解读。从教学角度来说，智慧教育旨在培养高智能和高创造力的人；从信息技术视角来看，智慧教育旨在培养大批拥有创新意识和创新能力的现代智慧型人才。由此可见，无论从教学视角还是从信息技术视角，智慧教育的宗旨均是培养智慧型人才。

第二，现有研究主要焦点还是智慧教育在各学科学段的探索和应用，智慧教育的研究方兴未艾，无论是教师还是其他教育研究者都在不断尝试、探索适合各学科学段的智慧教育模式。包括智慧环境的构建和智慧教学模式在内的其他方向的研究正在推进中，这也是研究者可以关注的。

第三，现有研究对智慧教育体系架构、环境构建、技术或资源支撑设计、教学模式等进行了全方位的阐述。在信息化时代，无论是教学方式还是学习方式，技术的作用已经远远超出了其他教育发展要素的总和，这是毋庸置疑的。更新教育观念、转变教育方式、优化教学过程、改善师生关系、改进学习方式等，这些教育信息化对教育现代化所提出的新的诉求，与技术的快速发展也是紧密相关的。以上因素带来了教育理念和教学模式的变化，即基于班级授课制，以教师为中心、以教材为中心的知识传授模式逐步让位于基于广泛学习资源，以学生为中心、以问题为中心的智慧教育教学能力培养模式。在此背景下研究智慧教学，主要关注教学方法改进、教学模式探讨以及新的评价方法与工具的应用等。

第四，研究者将评价对象划分为教师评价与学生评价两个部分。在教师评价方面，评价教师的教学准备、教学设计、教学方法、教学资源利用、教学态度、教学问题提出能力等；在学生评价方面，评价学生的学习结果、学习行为等。

四、研究存在的不足

第一，我国基础教育阶段智慧教育的研究重在实践应用和评价，其中对智慧教育的发展现状、存在问题及相应策略方面的研究欠缺。同时，有关“智慧教育”“智慧学习环境”的定义十分宽泛，这可能是因为不同地区的智慧化学习环境差距较大。

第二，研究方向比较集中，对基础教育阶段智慧教育的发展现状和存在问题的调查研究欠缺。在充分了解智慧教育的现状和存在的问题之后有目的地进行资源与模式的设计开发、智慧环境的构建以及实践应用，并且有一定的理论基础，此时的实践也会更有意义和价值。①

第三，智慧教学评价研究较为滞后。一方面，有关智慧教学的评价目标定位模糊。当前众多学者对智慧教学说法不一，难以对相关的教学环节或形式进行科学合理的理论解释及教学实践，教学评价体系的构建也就无从谈起。另一方面，当前智慧教学评价内容有局限性。智慧教学的评价对象主要是教师和学生，聚焦于课堂教学效果、学生的学习结果，在教师对学生思维培养的基本能力、教师对学生个性化指导的基本能力、学生的思维能力、辅助资源（如微课）的开发能力等方面，研究的关注度不够，而这些能力均对智慧教学的目标达成有积极作用。②

---

① 张敏杰.我国基础教育中智慧教育的研究综述[J].软件导刊（教育技术），2019（7）：9-11.

② 孙聘.中小学智慧教学评价指标体系构建的研究[D].长春：东北师范大学，2018.

第2章 美好教育视野下普通高中智慧校园的构建与运作

本着对美好教育的向往，迎着教育信息化的浪潮，余杭中学在“教育+互联网”的理念指引下开展了普通高中智慧校园的建构与运作研究。以“创新”“智联”“慧智”为核心，通过智慧关爱管理系统和智慧课堂教学系统的运作，从学生数字德育、电子档案、生活健康三个维度进行数据的集群归纳与分析；从师生关系的新范式、课堂教学的新样态、教学评价的新模式三个维度进行数据的挖掘和整合应用。将现代化技术与学校的德育和教学相融合，实现普高学生在身心成长和学业发展双重维度上的优化，构建具有浓郁时代特征的教育信息化学校。

第1节　研究缘起

《教育部2021年工作要点》将“加快推进教育信息化高质量发展，积极发展‘互联网+教育’”作为关键目标任务。《中国教育现代化2035》在提出十项战略任务时，特别指出要加快信息化时代教育变革，建设智能化校园，统筹建设一体化智能化教学、管理与服务平台；利用现代技术加快推动人才培养模式改革，实现规模化教育与个性化培养的有机结合；以智能校园推动学校教育教学变革，以基于数据的评价促进变教为学的实践、成就学生自适应个性学习发展，以“互联网+”时代的教育治理推动教育管理的精准化、科学化。因此，教育进入注重个性发展与能力培养、以“互联网＋”和“智能＋”赋能教育创新的新阶段，教育形态亟须重构。

一、智慧校园建设现状

从智慧校园的建设来看，国内有部分学校已建成智慧校园，主要分布在沿海发达地区，许多学校处于规划立项或建设阶段，欠发达地区的智慧校园建设情况相对薄弱。当前学术界和相关主管部门对智慧校园尚没有一致的概念认识和统一的标准，智慧校园建设处于各具特色、百花齐放的状态，但发展趋势大体一致，基本涵盖网络环境、物联网感知、综合信息服务平台建设相关内容。智慧校园基建包括无处不在的网络环境、节能监管体系、智能交通、平安校园等，利用信息化应用支撑平台（如统一身份认证系统、数据共享平台、个性化服务门户等）为师生提供智能化的管理和个性化的信息服务。

因此，现阶段的智慧校园建设，总体上侧重校园环境建设，注重创造智慧学习环境，有比较超前的意识和崭新的思维，但还处于起步和摸索阶段，在内容上需要完善，在应用上需要继续深入。

二、智慧校园研究现状

从研究内容上看，当前研究主要体现在三个方面：智慧校园的概念界定与特征、智慧校园的设计与架构、智慧校园建设的关键技术。

（一）智慧校园的概念界定与特征

智慧学习环境、智慧校园、数字校园、现实校园（传统校园）之间的关系见图 2-1。现实校园“数字化”为数字校园，数字校园“智慧化”为智慧校园，智慧校园是智慧学习环境的组成部分。现实校园、数字校园、智慧校园之间是耦合的关系，耦合程度越高，越有利于数字校园的建设与发展。数字校园和智慧校园是现实校园的补充，不会取代现实校园，智慧校园是数字校园“智慧化”到一定阶段的产物。[①]

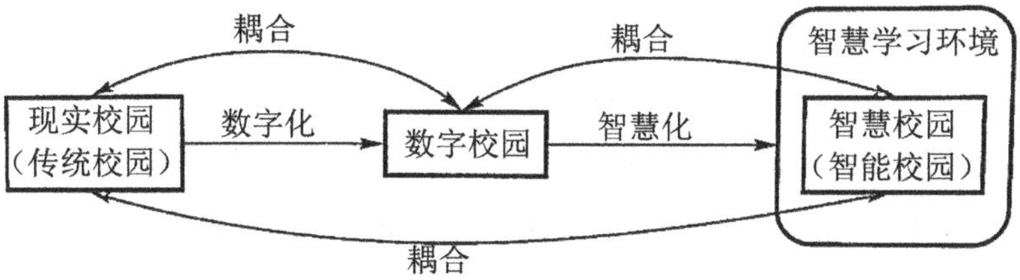

图 2-1　智慧校园相关概念的关联

智慧校园的建设基于智慧教育的概念，智慧校园涵盖智慧教室创建、智慧课堂构建、智慧环境建设。祝智庭构建了智慧教育的理解图式，认为智慧课堂是以智慧教育理念为指导，是翻转课堂的重塑和升级，并进一步延伸到智慧学习空间；智慧课堂将课内学习延伸到课外学习，实现物理环境学习和虚拟网络环境学习的融合。[②]聂风华等认为，智慧教室是为教学活动提供智慧应用服务的教室空间及其软硬件装备的总和，是在物联网、云计算、大数据等新兴信息技术推动下的教室信息化建设的新形态。[③]王运武等认为，智慧校园应用系统可看作“118 工程”，即 1 个智慧信息门户、1 个智慧大数据中心和 8 类智慧应用系统，具体可根据智慧校园的建设需求来选用。[④]黄荣怀等认为，智慧学习环境是一种能感知学习情境、识别学习者特征、提供合适的学习资源与便利的互动工具、自动记录学习过程和评测学习成果，以促

---

① 胡小勇，郑晓丹，熊频. 应用与示范：智慧环境与学习创新[M]. 北京：高等教育出版社，2020.

② 祝智庭. 智慧教育新发展：从翻转课堂到智慧课堂及智慧学习空间[J]. 开放教育研究，2016（1）：18-26.

③ 聂风华，钟晓流，宋述强. 智慧教室：概念特征、系统模型与建设案例[J]. 现代教育研究，2013（7）：5-8.

④ 王运武，于长虹. 智慧校园：实现智慧教育的必由之路[M]. 北京：电子工业出版社，2016：173-174.

进学习者有效学习的学习场所或活动空间。[①] 于长虹认为，智慧校园中的每一个教学工具都具有网络化、可视化和数字化的特征，学生也能在课堂中真切感受到自然而真实的教学场景，实现了人机交互以及人与环境的融合。[②] 陈耀华、杨现民认为，智慧教育体系可概括为包括环境、内容库、技术、用户服务等要素在内的智慧系统。[③] 宗平等认为，智慧校园的核心特征主要反映在三个方面：一是为广大师生提供一个全面的智能感知环境和综合信息服务平台，提供基于角色的个性化定制服务；二是将基于计算机网络的信息服务引入学校的各个应用与服务领域，实现互联、共享和协作；三是通过智能感知环境和综合信息服务平台，为学校与外部世界提供一个相互交流和相互感知的接口。[④]

总体而言，可将智慧校园的特征概括为两个方向，即技术要求与知识构建。从技术要求方面出发，就是在智慧环境中开展智慧教育，从而能在校园建设中实现教师智教与学生慧学相结合。从知识构建的角度出发，就是要学生与教师在智慧的环境中获取知识，提升思维，从而实现立德树人的目标。

（二）智慧校园的设计与架构

智慧校园建设过程中需要强化能效管理，建设起满足一站式服务的资源信息服务平台，在建设过程中遵循资源共享、开放合作、统一标准等原则。如何进行智慧校园的架构，则需要依据不同的校园状况进行考量。宗平等从建设的内容层次出发，构建了智慧校园的整体框架，即网络融合、数据融

---

① 欧阳丽莎. 混合教学与德国探讨式教学在艺术教育中的整合实践研究[J]. 中国电化教育，2013（6）：93-97.

② 于长虹. 智慧校园智慧服务和运维平台构建研究[J]. 中国电化教育，2015（8）：16-20，28.

③ 陈耀华，杨现民. 国际智慧教育发展战略及其对我国的启示[J]. 现代教育技术，2014（10）：5-11.

④ 宗平，朱洪波，黄刚，等. 智慧校园设计方法的研究[J]. 南京邮电大学学报（自然科学版），2010（4）：15-19.

合、服务融合与门户服务。① 吴细花则围绕计算资源地、存储资源地、用户认证、云管理平台等4个关键功能板块，设计了智慧教育云平台，并提出了一种面向私有云的、采用“基础设施即服务”架构的智慧校园信息化支撑平台。② 由上可知，构建智慧校园基本包含服务层、数据层、网络层和感知层结构模块。余杭中学以开十二智慧教育云平台为应用层，提供个性化的教学信息管理服务，利用大数据实现教育管理模式的创新，构建出适合本校的智慧校园四大系统框架。在该框架之下，形成统一存取各类数据的交换与共享中心，向师生提供集中管理的用户认证方式，支持智慧校园各系统的资料收集与信息传递的集成化环境。

（三）智慧校园建设的关键技术

在“互联网+”背景下，技术的革新要与校园常规建设相结合。针对构建智慧校园所要求的关键技术，学界也有相关研究。黄荣怀等认为，智慧校园的关键技术包括学习情景识别与环境感知技术、校园移动互联技术、社会网络技术、学习分析技术、数字资源的组织和共享技术。③ 陈卫东等认为，智慧学习环境实现技术包括物联网技术、多功能交互设备技术等硬件层面的技术和人工智能技术、上下文感知计算技术、和谐交互技术、计算机视觉技术、无缝数据管理技术等软件层面的技术。④

余杭中学智慧校园四大系统框架建设过程中涉及的技术包括：满足用户相应的计算、存储与数据分析需求的云计算服务平台，实现对仪器设备、图书资料进行动态管理的物联网技术，实现对数据进行海量分析的大数据平台，为师生交流、开展网络学习提供便利的移动互联技术。

---

① 宗平，朱洪波，黄刚，等.智慧校园设计方法的研究[J].南京邮电大学学报（自然科学版），2010（4）：15-19.

② 吴细花.“智慧校园”云平台的关键模块设计与实现[D].长沙：湖南大学，2014.

③ 黄荣怀，张进宝，胡永斌，等.智慧校园：数字校园发展的必然趋势[J].开放教育研究，2012（4）：12-17.

④ 陈卫东，叶新东，许亚锋.未来课堂：智慧学习环境[J].远程教育杂志，2012（5）：42-49.

第2节　智慧校园的校本设计

当前，余杭中学所在的城市杭州，经济社会发展走在全国前列，人民期盼更美好的教育。教育是保障城市可持续发展的生命线所在，美好生活从美好教育开始，美好教育是学生、教师、家长及社会对共同愿景的向往，也代表着未来教育的发展方向。余杭中学的美好教育，是指通过智慧学校的创建，以人工智能为引领，将现代化技术与学校的管理及教学相融合，使普高学生在身心成长和学业发展的双重维度上实现优化，创设具有时代气息和国际化特点的未来校园。

智慧学校是学校发展的未来方向。余杭中学结合普通高中的特点，以物联网技术为依托，以各种现代化应用服务系统为载体，将学生在校的学习和生活进行充分融合（见图2-2）。智慧校园为广大学生提供一个全面的智能感知环境和综合信息服务平台，提供个性化定制的成长服务；将基于计算机网络的信息服务融入学校的各个应用与服务领域，实现互联和协作；通过智能感知环境和综合信息服务平台，为学校与外部世界提供一个相互交流和相互感知的接口。智慧校园呈现了如下图景：无处不在的网络学习、融合创新的数据展示、透明高效的管理服务、丰富多彩的校园文化、科学方便的校园生活。

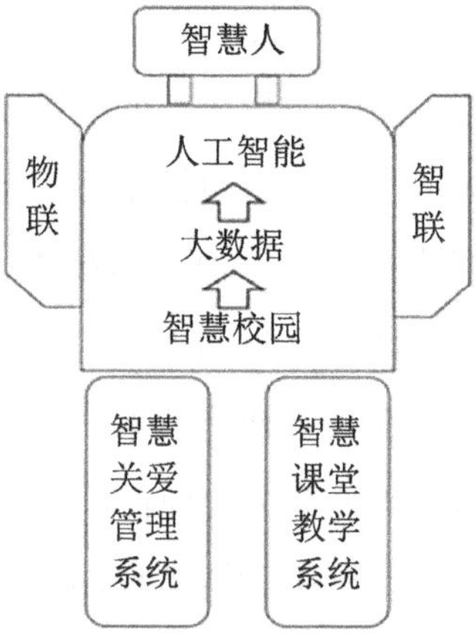

图2-2　智慧校园基础架构

一、智慧校园主体架构设计及功能

（一）主体架构设计

余杭中学依托打造“未来学校”，实现“美好教育”愿景，以“立德树人”

为根本目标，以新时代中国学生的核心素养提升为总纲，以培养深具时代气息的“智慧的人”为研究目标，通过智慧校园建设，将物联技术和智联技术进行有效整合，实现大数据的采集与挖掘、大数据的集群化、大数据的整合分析，在此基础上引入人工智能的理念与设备开展智慧教育体系研究实践（见图2-4、图2-5）。

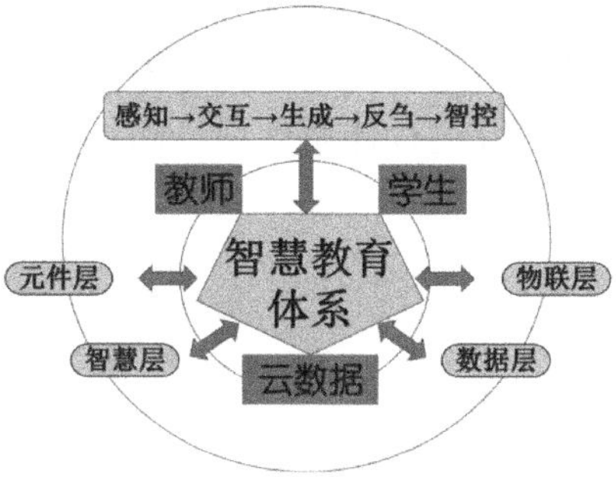

图2-3　智慧教育体系

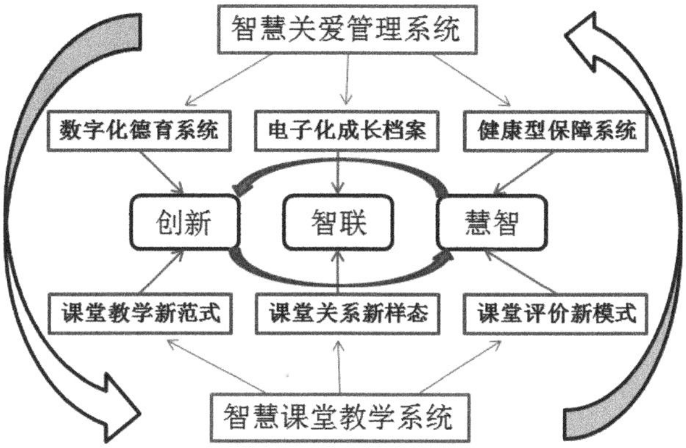

图2-4　智慧校园实施架构

智慧校园实施架构以学生为实施对象，以“创新”“智联”“慧智”为研究内容，以智慧关爱管理系统和智慧课堂教学系统为实施载体。智慧关爱管理系统从学生数字德育、电子档案、生活健康三个维度进行数据的集群收集与分析；智慧课堂教学系统则从师生新范式、课堂新样态、评价新模式三个维度进行数据的挖掘和采集。两个系统之间再进行数据收集、分析与整合，培养学生适应个人终身发展和社会长远发展所需要的品格和关键能力。本书对智慧学校的构建和运作设计，聚焦智慧教育，以“三核”（教师、学生、云平台）研究内核体系；组建智慧教育结构，以“四层”（元件层、物联层、数据层、智慧层）研究层级体系；探索智慧教育进程，以“五阶”（感知、交互、生成、反刍、智控）研究过程体系。设计路线见图 2–5。

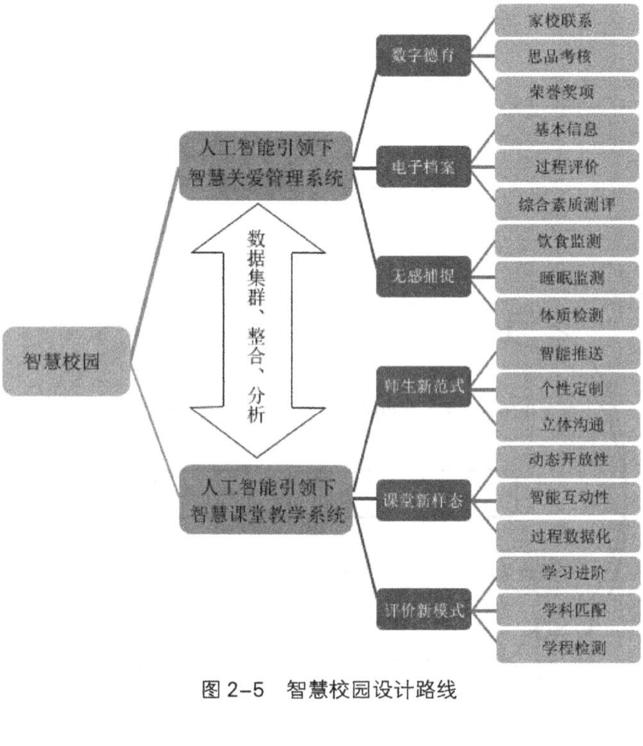

图 2–5　智慧校园设计路线

（二）系统功能目标

智慧校园系统核心用户包括教育管理人员、教师、学生、家长，旨在提供最适切、最便捷的教育服务，满足美好教育的要求。

1. 智慧管理服务

利用信息技术实现信息管理的自动化，实现管理部门之间更迅速便捷的沟通，实现数据共享与协调，提高教育决策的科学性和便捷性，形成充满活力的管理机制。

2. 智慧教学服务

将教学资源引入课堂教学。教师可以全面掌握学生的学习分析数据，有利于针对性地开展教学；可以及时与家长、同事、学校管理部门进行交流；可以加入教师社区，开展在线教研活动，开展更高效便捷的在线备课；可以对学生作业和测验等进行适当的自动批改和分析，快速获取全面且准确的分析数据。

3. 智慧学习服务

向学生提供优质教育资源，促进学生实现随时随地的学习、交流和分享；学生可以及时获取学习评价反馈，开展形成性自我评价，不断完善知识体系；学生可以获取个性化的资源和服务，使学习过程更轻松高效。

4. 智慧沟通服务

为家长提供信息获取渠道，及时发送学校发布的教学信息和学生的学习信息，使家长能更好地开展家庭交流；协助家长及时向教师反馈学生的作业完成情况和学习巩固情况，促进教学的顺利推进。

（三）系统预期特征

智慧校园系统建设应体现出以下五个特征。[①]

1. 环境全面感知

智慧校园中的全面感知包括两个方面：传感器可以随时随地感知、捕获和传递有关人、设备、资源的信息；对学习者个体特征（学习偏好、认知特

① 黄荣怀，张进宝，胡永斌，等. 智慧校园：数字校园发展的必然趋势[J]. 开放教育研究，2012（4）：12-17.

征、注意状态、学习风格等）和学习情境（学习时间、学习空间、学习伙伴、学习活动等）的感知、捕获和传递。

2. 网络无缝互通

基于网络和通信技术特别是移动互联网技术，智慧校园支持所有软件系统和硬件设备的连接，信息感知后可迅速、实时地传递，这是所有用户按照全新的方式协作学习、协同工作的基础。

3. 海量数据支撑

依据数据挖掘和建模技术，智慧校园可以在海量校园数据的基础上构建模型，建立预测方法，对新接收的信息进行趋势分析、展望和预测；同时，智慧校园可综合各方面的数据、信息、规则等内容，通过智能推理，作出快速反应、主动应对，更多地体现智能、聪慧的特点。

4. 开放学习环境

教育的核心理念是创新能力的培养，校园面临从封闭走向开放的诉求。智慧校园支持拓展资源环境，让学生冲破教科书的限制；支持拓展时间环境，让学习从课上拓展到课下；支持拓展空间环境，让有效学习在真实情境和虚拟情境同时发生。

5. 师生个性服务

智慧校园环境及其功能均以个性服务为理念，各种关键技术的应用均以有效解决师生在校园生活、学习、工作中的诸多实际需求为目的，并成为现实中不可或缺的组成部分。

二、智慧校园建设路径

（一）“创·智·慧”引领下的学校智慧关爱系统

1. 创新意识构建数字化德育系统

该系统以教育资源公共服务平台、微信、翼校通、校园网、学籍管理系统等为平台，以构建数字化德育系统等为技术支持。用户实名制注册登录，进行有效身份验证，教学平台实行半开放式，设置敏感词语自动屏蔽系统。

运用该系统，学生与教师能够发表观点，形成各种思想交流碰撞的局面，又能保证网络德育环境的安全健康；形成数字化德育系统，合理分析与利用大数据，提高数据辨别、提取能力，增进学校德育工作的实效。

2. 智联思路创建电子化成长档案

利用网络平台，将学生的成长档案电子化，从“德、智、体、心”四个维度更加全面、有效地展示学生的进步情况和学习情况。智联思路下创建的电子化成长档案包括学生的学业水平评价与个性发展评价，全面落实成长记录系统。在操作方法上，利用雷达图、学生个体发展图、学生群体趋势图等进行数据收集与整合，为学生个性化发展、优质发展提供支撑（见图 2–6）。

高中阶段学生成长档案的建立，便于教学管理者更加全面、系统地了解学生的学习状况，对教学计划和教学方案进行科学的规划与管理，提升教育教学的精准度，同时为学生学业生涯发展提供数据支撑。

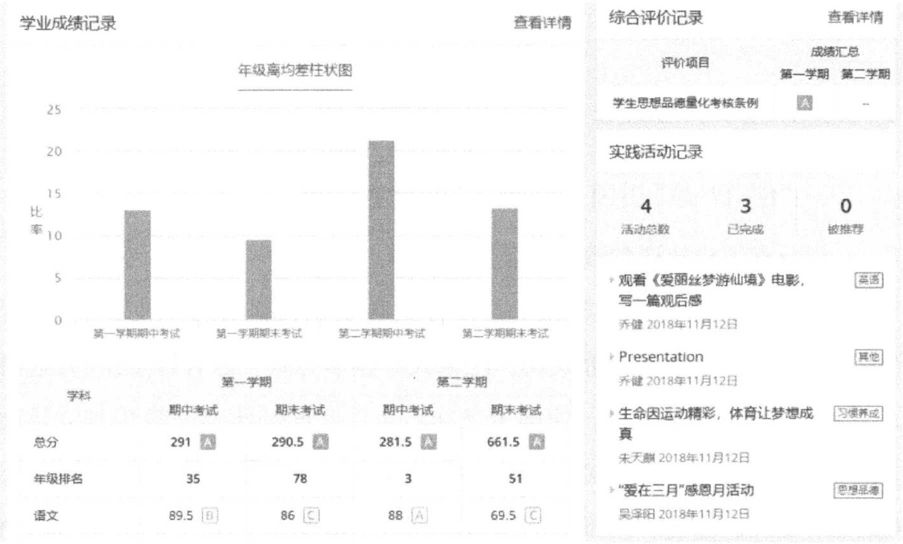

图 2–6　电子化成长档案示例

3. 慧智愿景完善健康型保障系统

该系统以校园卡管理系统、视频监控系统、寝室管理系统、体质测评系统为技术支持。操作方法如下：对学生在校生活、运动、休闲、休息的相关数据进行集群分析；针对学生的饮食结构、学生的运动与体质情况、学生的休息时间与学习时间的分配情况形成个性化成长报告（见图 2–7）。在此基础上，针对学生的健康状况制订个性化的体育锻炼计划，提供心理辅导相关的个性化课程，促进每个学生的全面成长。

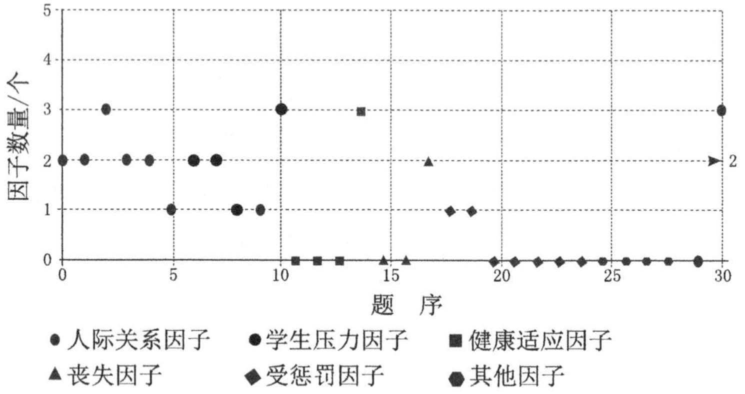

图 2–7 健康型保障系统

（二）"创·智·慧"引领下的学校智慧教学系统

1. 创新意识构建课堂教学新范式

人工智能引领下的智慧课堂，以智慧教学平台作为技术支持。采用导学式、互动式、合作式、游戏式、泛在式等教学方式，融合智慧平台按需推送、实时同步的技术特点，使师生之间、生生之间的沟通交流更加立体化，无障碍地进行即时互动；教学后台进行实时监控与数据分析，教师依据动态数据测评分析，实时掌握每个学生的知识获取情况和个体间差异，从而进行分层教学，有序进阶，真正实现个性化教学和因材施教（以英语听力实施为例，见图 2–8）。

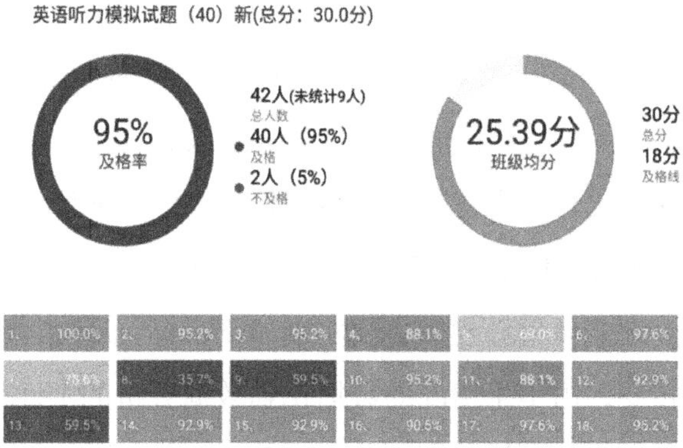

图 2-8 英语听力试题示例

2. 智联思路打造课堂关系新样态

在具有现代化气息的新型师生关系中，教师是课堂智慧学习的引导者，学生为课堂智慧学习的主体。打造课堂关系新样态，要以云计算、大数据分析手段为依托，配备移动智能终端。基于数据分析学情（以量化数据与分析为例，见图 2-9），以问题为导向，设计个性化的学习方案和合理的生涯规划；课堂中，师生之间利用平板电脑、投影仪等设备，形成智慧发展的新样态。

学生成绩表

序号	成绩	学习类型
0504	30.0	优秀，稳定性高。可挑战更高难度。
0545	30.0	优秀，稳定性高。可挑战更高难度。
0502	28.5	优秀，稳定性高。可挑战更高难度。
0508	28.5	优秀，稳定性高。可挑战更高难度。
0512	28.5	优秀，稳定性不足。需克服粗心大意。
0519	28.5	优秀，稳定性高。可挑战更高难度。
0525	28.5	优秀，稳定性高。可挑战更高难度。

班级卷面分析

题号	班级均分	班级得分率	问题类型
1	1.5	100.0%	易答试题
6	1.46	97.6%	易答试题
17	1.46	97.6%	易答试题
2	1.43	95.2%	易答试题
3	1.43	95.2%	易答异质试题
10	1.43	95.2%	易答试题
18	1.43	95.2%	易答试题
12	1.39	92.9%	易答试题
14	1.39	92.9%	易答异质试题
15	1.39	92.9%	易答试题
19	1.39	92.9%	易答试题

图 2-9 量化数据与分析示例

3. 慧智愿景创建课堂评价新模式

创建课堂评价新模式，要利用智慧教育云平台，镶嵌情境感知、数据挖掘、信息整合的技术手段。具体而言，收集学生课前、课中、课后的认知数据以及问题解答情况，进行动态化数据分析；将有形的过程性行为镶嵌到无形的虚拟数据云中，形成每一位学生所特有的个性化报告。

慧智愿景创建课堂评价新模式，要实现如下目标：由教学环境的数据化向数据的环境化的转变，由学生情况的数据化到数据分析的个性化的转变；技术与教学的深度融合；教学评价模式的创新与深化。

第 3 节　智慧校园实践方略与案例

一、创——“创新”引领学校智慧教育实践方略

创新，是社会进步的原动力，是教育信息化的发展趋势。智慧教育的实践，需要创新性地使用现代教育技术设备，不断在教育信息化的道路上升级。在教育信息化的实践过程中，要创新设计、创新挖掘、创新评价。构建智慧学习环境，需要创新适用于智慧学习的情境，利用创新技术实现智能化的学习指导。余杭中学在智慧教育实践中，有效利用新兴技术，融合课程素养要求，打造了创新型课堂。

（一）创新——基于 Google Earth 的地理智慧课堂

构建创新高效的智慧课堂，目标在于既让学生掌握基础学科知识，又通过技术手段，让学生乐于学习，达成个性化的学习效果。余杭中学在智慧平台的支持下将 Google Earth（谷歌地球）作为技术手段引入地理课堂教学。Google Earth 对地理智慧教学的发展有着明显的应用价值，为信息技术在地理智慧课堂中的运用提供了契机。

1. Google Earth 功能简介

Google Earth 是一款虚拟地球仪软件，可以在一个地球的三维模型上显示航空卫星图片和地理信息系统（geographic information system，GIS）。使用者可以通过鼠标的使用，在电脑或者一体机上翻转地球模型，多个角度观察地球的任何一个角落。影像图片可以放大、缩小，分辨率可以高低调整，师生还可以根据自己的需要，选择观测虚拟地球的视角（平视、鸟瞰等），查看河流分布、浏览植被情况、观察大陆架、分析洋流、细看城市规划等。此款软件的应用，体现了智慧课堂融合创新的特征。

2. 基于 Google Earth 的设计实践

Google Earth 具有交互性强、易于操作的特点，有助于激发学生的学习兴趣，便于学生感知记忆，促进学生思维能力的养成。因此，利用 Google Earth 辅助地理教学，操作性强，具有应用价值。结合余杭中学学生的学情分析、教学进度等相关数据，利用 Google Earth 作为教学中心手段，设计智慧课堂，见图 2-10。

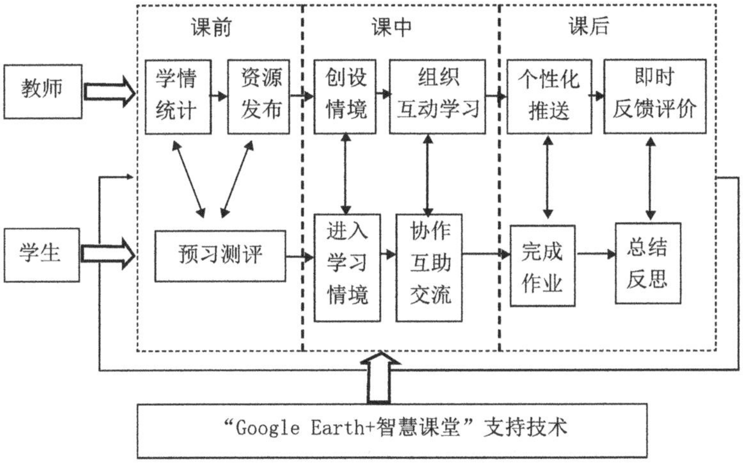

图 2-10　Google Earth 智慧课堂设计架构

3.Google Earth 的教学案例：借助 Google Earth 开展中亚地区地理教学

利用开十二智慧教育云平台的交互搜索功能，让学生课前搜集中亚地区的降水、地形、人口分布、耕地分布等地图资料，进行汇总和小组分析讨论，了解学生对这一地区的知识储备；借助移动平台上的 Google Earth 软件，将需要利用的自然地理图层进行叠加，学生按小组分析中亚地区棉花的分布有何特征，小组成员之间利用平板终端作为信息交换和分析的媒介。这样的学习过程，能使学生深化对中亚自然地理特征的理解及农业区位的理解，深化知识的迁移与应用，提高了学生的地理分析能力。学生在搜集、叠加、分析地图的操作中，不同程度地提升了读图解图的能力，强化了从地图中获取有用信息、获取知识的意识，提升了地理学习的综合素养。

4. Google Earth 的实践成果

将 Google Earth 软件与学校的智慧云教育平台相结合，打造智能、高效的地理课堂，实现课前、课中、课后全过程应用，促进学生的智慧发展。经过一段时间的创新技术引入课堂的实践，学生在区域地理相关知识的掌握方面有明显进步，在考试中取得了较好成绩（见图 2-11），同时也加强了学生独立思考的意识。

成绩报告单

学科	得分	班级均分	年级均分	本次考试描述	S-P诊断分析
地理	57	70.73	70.46	班级最高分90分，最低分50分；83分以上4人，55分以上43人，52分以上1人	良好，稳定性高。需提高学习难度

图 2-11　Google Earth 智慧课堂成绩报告单示例

（二）创新——动态教学模型打造高中生物智慧课堂

动态教学模型是一种可即时互动、可及时反馈、可激发学生自主探究意识的智慧课堂模式。学生利用可移动的平板终端，采用构图或实际材料呈现等方式，在教师的引导下构建动态的教学模型，形象化模拟生命活动现象。该模型有助于加深学生对生命体的深层理解，感受到生命的智慧之美。同时，学生成为课堂主导人，是生物体生理生化研究的主要参与者。

1. 动态教学模型的功能简介

高中生物中的动态生命活动现象非常普遍，传统教学过程中，教师通常只是以图片、文字或视频的形式来展示，学生往往只是被动接受，主观能动性无法充分激发。仅仅停留在感官刺激层面的知识教学无法形成有效的条件反射，重难点知识在大脑中的记忆时间就会明显缩短。动态教学模型的引入，实现了任务驱动式课堂合作与师生多维化交流的有机结合，从而形成智慧课堂。

2. 动态教学模型的实践设计

引入动态教学模型的生物课堂，具体操作路径见图 2–12。

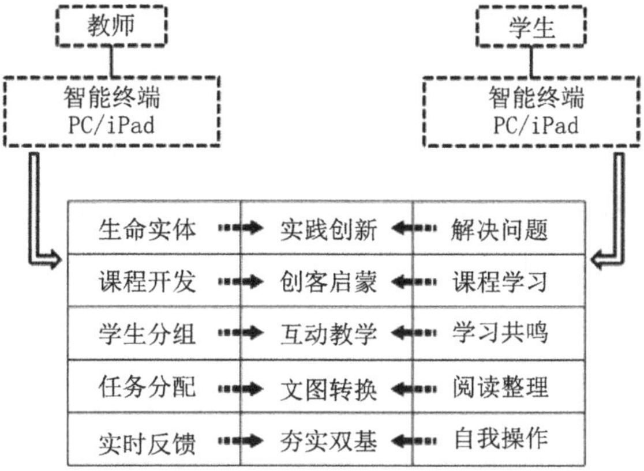

图 2–12　动态教学模型生物课堂设计架构

第一层次：夯实双基。充分利用智慧系统中的针对性实时练习卷，以及每次检测的错题卷，实现学生的自我检测与监控，教师予以实时反馈。

第二层次：文图转换。在学生自主阅读教材或资料之后，创设文图转换的路径，引出从静态知识到动态知识的思维导图，实现图图转换、文图转换、图表转换、文表转换等的自由切换。

第三层次：互动教学。上课前将学生分组，落实各小组的学习任务。课堂中，小组分别进行陈述，并且进行组内评议与组间评议。

第四层次：创客启蒙。通过评议，尝试构建动态的教学模型。融合科创，再次整合课程学习内容，制作教学重难点视频，促进教材的二次开发。

第五层次：实践创新。以生命体的鲜活案例，解读生命活动机理。以课程开发的二次实践，总结教学重难点突破的创新之道。

3. 动态教学模型的教学案例：浙科版《高中生物　必修 1》第四章“细胞增殖”中细胞分裂的过程

传统课堂中教师为主导进行陈述性教学，会让原本鲜活有趣的生物课堂变得枯燥乏味。引入动态教学模型后，在智慧平台上对学生进行分组，利用大数据进行学情分析，找到适合不同学生的任务，各小组学生分别负责资料收集、知识整理、模型绘制、模型的二次修改、模型的可行性研究、研究报告撰写，从而完成教学模型构建。其中，通过构建染色体的模型，探究染色体与染色质之间的动态变化，学生能够形象直观地了解分裂过程中染色体在数量和形态上的变化。这部分是重点，也是课程开发的难点，需要生物专业、数学统计、计算机技术等的共同支持。在智慧教室大环境下，动态教学模型的构建实现了教学难点的突破。在此基础上，学生探索性地构建了细胞分裂的细胞动态变化图，感受到生命之美，领略到遗传的奇妙、生物的智慧。

4. 动态教学模型的实践成果

第一，理顺了细胞分裂的过程。根据有丝分裂过程中染色体的数量与形态变化规律，人为把分裂过程分为前期、中期、后期与末期。

第二，总结出了染色体行为变化过程，感受到分裂过程中遗传物质精确均分的生命奥秘。

第三，构建出有丝分裂过程的动态变化图（见图 2–13）。

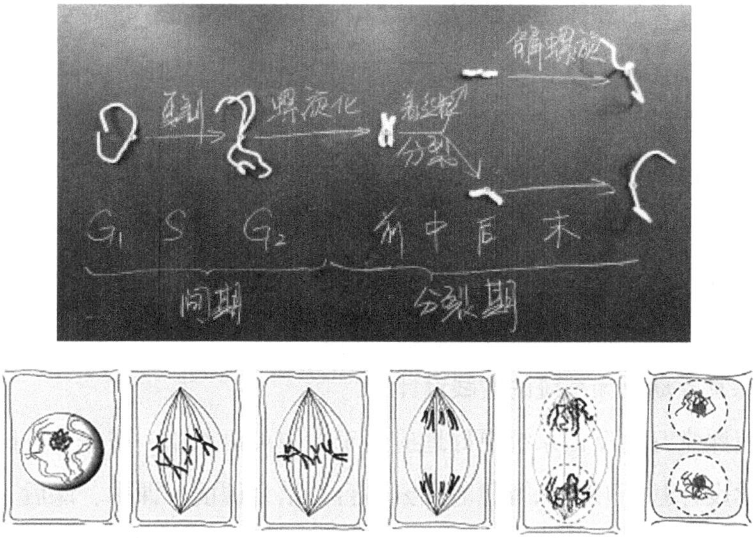

图 2–13　细胞分裂过程课堂教学

二、智——以“智联”驱动学校智慧教育实践行动

智慧教育的核心是利用现代教育技术装备，将学生的学习、教师的教学进行智能化联结（简称智联），转化为数据化、智能化的教学信息，让教学过程、教学评价可视化，指向精准教学。智联驱动下的教育实践既有培养学生智慧的课堂模式，也有全面增进师生之间交流与互动的德育新模式。智联教育实践以技术为依托，通过营造智慧教学环境与智慧沟通环境，实现教学模式创新与德育方式改进。

（一）智联——课堂互动反馈系统下的高中英语听力教学

课堂互动反馈系统（classroom response system）是一种通过电子载体（如遥控器、手机或平板电脑等），将课堂上全班学生的反馈信息实时传递给教师的教学系统。不同于传统课堂通过提问获得部分学习者的反馈信息，课堂互动反馈系统能帮助教师快速收集并分析全体学生课堂学习中存在的问题，实时了解学习者的整体学习状况，掌握学生的个性特征，进而更好地开展教学活动。

1. 课堂互动反馈系统的功能简介

该系统由学生终端（答题器）、数据采集系统与处理服务器和教师终端构成。学生终端处理器分为两种类型：一种是专门的答题器设备，通过按键可以选择数字或字母，作出应答；另一种是通过平板电脑安装 App 实现测评与检测。

2. 课堂互动反馈系统的实践设计

为使课堂互动反馈系统更好地应用于高中英语课堂、服务于英语听力教学，教学设计基于开十二智慧教育云平台，结合课前、课中、课后三个阶段的有效要求，构建了“挖掘—定位—决策”课堂模式（见图 2-14）。该模式的目标为：在课前全面了解学生已有知识水平，在课堂进行中实时掌握学生整体以及个体的学习情况，在课后进一步跟踪学生学习进度。具体操作步骤如下。

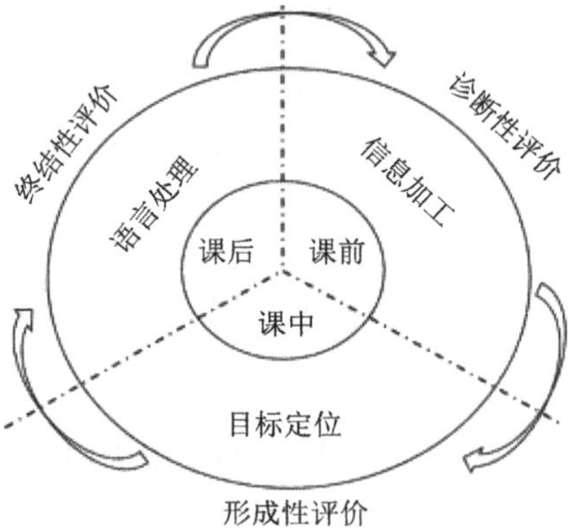

图 2-14 “挖掘—定位—决策”课堂模式

课前“挖掘”阶段：为保证听力教学活动的顺利进行，教师需要对教学对象和教学内容进行前期分析，并结合分析结果准备和调整学生的学习内容。

课中“定位”阶段：由于课堂互动反馈系统能够采取信息化的手段快速、有效地分析学习效果，教师可掌握学生的学习动态，及时调整教学策略和完善教学内容，从而达到精准教学。

课后“决策”阶段：教师在剖析课堂互动反馈系统反馈数据后，可对学生未掌握的知识进行重点讲解，提供个性化的指导和有针对性的强化训练。

3. 课堂互动反馈系统的教学案例

课堂评价活动应贯穿教学的全过程，为检测教学目标服务，以发现学生学习中的问题，并提供及时帮助和反馈，促进学生更有效地开展学习。①传统课堂存在评价主体单一、方式单调、内容单薄、反馈滞后等问题，因此，教师必须改进日常教学的评价内容、方式和手段。课堂互动反馈系统能将形成性评价与终结性评价有效结合，将自评和互评融入教师的提问与反馈中，既能使学生在英语学习过程中不断体验进步与成功，也能使教师根据获得的反馈信息调整和改进教学行为。

◎案例 2-1：运用课堂互动反馈系统辅助英语听力教学（一）

教学内容：人教版模块一第三单元 Listening & speaking 练习 2。

Listen to the tape and tick the statement which tells the main idea of the dialogue.

A. A girl from Laos told Wang Kun about how Laotians use the Mekong River.

B. A girl told Wang Kun about what they would see along the Mekong River.

C. A girl from Laos told Wang Kun about how important and beautiful the Mekong is.

教学目标：学生能在听力完成后获取主要信息，识别文本主旨大意。

---

① 中华人民共和国教育部. 普通高中地理课程标准（2017年版2020年修订）[S]. 北京：人民教育出版社，2020.

活动设计：

（1）学生在听前根据本单元前面所学习内容，预测文本大意，用答题器选出答案。

（2）教师呈现课堂互动反馈系统收集的学生反馈信息，主要为每个选项的被选比例。

（3）学生听一遍文本，根据听到的内容选出文本大意。

（4）教师再一次呈现系统收集的反馈信息。通过对比每位学生两次答案选择的变化，了解学生的听前预判能力；通过学生答案分布情况，掌握学生对本题的掌握情况，并根据情况决定是否听第二遍。

（5）学生之间自由发表个人观点，给出选择理由。教师公布正确答案，作总结。

◎案例 2-2：运用课堂互动反馈系统辅助英语听力教学（二）

教学内容：高一英语听力训练题。

听下面一段独白，回答下面四个小题。

1. What is the speaker mainly talking about?

A. Her new film.

B. Her life as an actress.

C. Her ways to get into acting.

2. What does the speaker say about the character of Jessie?

A. She is shy.

B. She is clever.

C. She is nervous.

3. What is the difference between TV shows and movies according to the speaker?

A. Movies are usually of better quality.

B. It is more fun to make TV programs.

C. It takes less time to make TV programs.

4. What does the speaker want to do when she is older?

A. Study world history at university.

B. Work as a movie actress.

C. Go to America.

教学目标：学生能以笔记的形式再现录音主要内容。

活动设计：学生完成整张练习卷，并用答题器记录答案。根据课堂互动反馈系统所提供的答题情况，教师了解到学生该题错误率（87%）非常高。因此，教师将这段听力材料设为课堂上练习讲评的教学重点，并设计了不同形式、不同层级的教学活动。

（1）泛听、精听互动的听力训练。学生完整地听一遍录音，选择主旨大意（教师根据答题情况决定是否听第二遍）；在学生掌握大意的前提下，教师再播放录音，学生以提纲的形式记录主要信息；学生在不断循环的听力训练中记录录音的详细信息；教师组织学生以合作学习的形式完善、再现录音的主要内容。

（2）强化语音教学的听力训练。在学生完成记录全部内容的基础上，教师播放听力过程中学生遇到的困难单词和句子，学生模仿语音语调，提高听力能力的同时提升语音素养。

4. 课堂互动反馈模式的实践成果

与传统教学不同，基于课堂互动反馈系统的听力教学，使学生从评价活动的接受者转变为评价活动的主体和积极参与者。通过智能评价，学生不断认识自我，建立自信，调整学习策略；教师亦能在课堂中科学地调整教学行为，真正提高教学的时效性。利用课堂互动反馈系统，学生能扩充学习内容，并结合学习内容有重点地训练不同学习策略的运用；同时，教师能在完成全体学生的基本学习目标的前提下兼顾学生的个体差异，既确保共同进步，又满足个性发展的需要。

（二）智联——“互联网 +”沟通模式下的高中师生关系

在“互联网 +”的大背景之下，学生普遍喜欢使用微信、QQ 等网络社交工具与他人进行交流。师生关系的转型同样可以依托这些社交工具。在此过程中，需要关注学生心理状态的变化，掌握学生普遍心理规律及其特殊性。

1.“互联网 +”沟通模式的功能简介

“互联网 +”就是“互联网 + 各个传统行业”，是利用信息通信技术以及互联网平台，让互联网与传统行业进行深度融合，创造新的发展生态。余杭中学充分利用互联网优势，为高中德育教学服务，形成了“互联网＋教育教学”模式。余杭中学以互联网技术为依托，推动师生以朋友身份进行沟通，以一种平等对话的方式，建立互相信任的良性师生关系。

2.“互联网 +”沟通模式的实践设计

智慧校园模式下，德育工作可以充分借助现阶段学校智慧教室的电子班牌与学生的校园卡，收集、传递、整合相关数据资料，形成学校、班级、教师和学生的发展轨迹图，助力校园文化与班级文化的建设，帮助教师个人成长，帮助做好高中生学业生涯规划，构建更为和谐的校园环境、师生关系。

3.“互联网 +”沟通模式的德育案例

“互联网 +”沟通模式的纵深发展，使高中德育有枝可依。余杭中学依靠“互联网 +”技术，整合校园文化资源与日常资料，分析学生、教师、班级的个性，寻找其普遍特点，构建智慧校园资源库。

班级班风建设，形成班级合力。借助电子班牌，呈现班级风貌（照片、活动、口号、特色）；借助电子班牌，分析班级情况（选课、成绩、活动、荣誉等）；导出班级数据，组织班会课，学生自主分析班级发展情况并提出建设性意见与目标，形成班级合力。

教师素养发展，加强德育工作。分析班级情况，制定相应对策，形成德育小论文，助力个人专业发展；分析学生情况，针对性解决问题，构建和谐师生关系；结合校园文化，创设班级文化，打造特色班级；整合相关资料，吸收借鉴，帮助个人成长。

个性分析学生，明确成长轨迹。及时导入学生各阶段相关数据，制定特色方案；通过校园卡查阅学生近况，更好地了解学生；期末导出学生个人资料，形成个性化的期末总评。

学校事务更公开，加强家长、社会对学校的了解。借助微信公众号平台推送校园信息；邀请家长参与学校特色活动；分阶段介绍学校情况（班级特色活动、教师队伍等）；家长、学生可匿名反馈意见；完善校园卡平台建设，记录学生点滴（用度、运动、成绩、荣誉等）。对于全寄宿制的学生来说，比起考试成绩，家长更关心学生在学校的日常点滴。若家长可以有一个平台，自行了解孩子每天的基本状况，班主任的工作压力会减轻许多，德育难题可以得到一定程度的缓解。

4.“互联网 +”沟通模式的实践成果

“互联网 +”沟通模式推动了现代化校园建设，构建了良好的家校关系，助力了学生个性化发展。

三、慧——以“慧智”打造学校智慧教育的实践范式

（一）慧智——任务目标连接的历史智慧课堂

从多媒体教学软件、网络互动学习平台再到智慧教育云平台，课堂教学不仅要以信息技术进行教学手段的优化，更应该在智慧教育的背景下创新学习的角度与方式，使课堂教学目标从传授知识与培养能力转向关注人的全面发展、促进学生深度学习。

1. 任务目标连接的功能简介

智慧教育在课堂教学中的作用是打造出智慧课堂。智慧课堂是用智慧教

育理念再塑翻转课堂，将课堂由课内延伸至课外，由物理环境延伸到网络虚拟环境，形成智慧学习空间。① 历史学科的知识信息丰富，因此对历史问题的探究需要逻辑思维的引领。在历史学科核心素养史料实证与历史解释的要求中，大量的数据分析与思辨为培育路径，因此，构建智慧型历史课堂就需要基于核心素养，以新兴技术手段为依托，利用大数据分析、智能决策和资源推送等方式，创新课堂形态，让学生与教师在以任务连接为目标的活动中获得认知升级与思维提升。

2. 任务目标连接的实践设计

与以往的信息化课堂相比，智慧课堂在实践中具有鲜明的特征，例如，学习决策的数据化、交流活动的多维化、智能化学习工具支持等。基于上述特征，在任务目标连接的实践过程中，从教师与学生的视角出发，强调在智能化的环境中发布任务、实施任务，实现课堂活动有效开展与学生能力强化的双重目标，并形成以任务为导向的教学驱动模式（见图 2–15）。

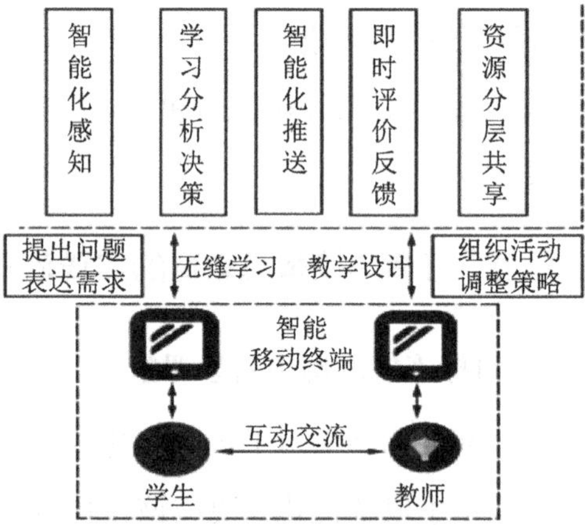

图 2–15　教学驱动模式架构

① 祝智庭. 智慧教育新发展：从翻转课堂到智慧课堂及智慧学习空间[J]. 开放教育研究，2016（1）：18-26.

在课堂教学中，以教师为引领，利用云端平台、网络组件，以发布任务为导向，以各组任务完成为连接，形成智慧型的高效课堂（见图 2–16）。

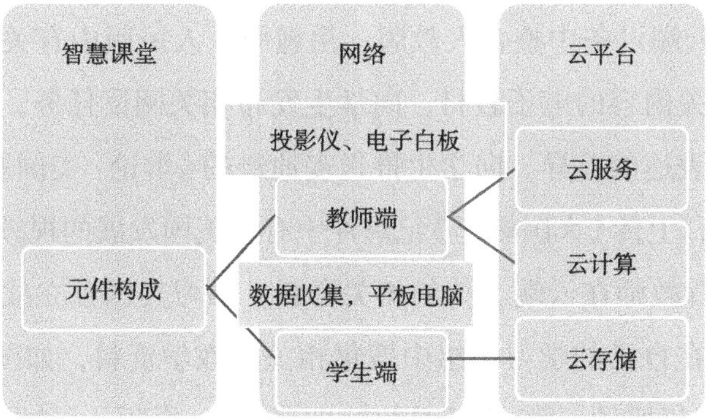

图 2–16　智慧型高效课堂架构

在智慧型高效课堂的架构中，微云服务器提供本地的网络、存储和计算服务，可以向学生发布相关学习任务；直接将即时录制的课程进行储存，同时上传到学生端，方便学生查找不足，解决课堂遗留问题。

云端应用工具包括教师服务端和学生接收端。教师端能够利用投影仪、电子白板实现动画及视频的播放，发布任务、批改作业、答疑解惑等工作；同时也能进行微课录制、个性化授课、师生间在线交流和教学成效评价等工作，学生端则可以接收与管理任务（作业），并能在课堂进行实时训练，当场反馈，实现交流任务与学习任务的双重连接。利用云平台的云计算与云服务，对学生的答案进行数据分析，从而实现课堂上的师生交互与生生交互。

云平台是物联端的重要环节，它提供了云基础设施、支撑平台、资源服务模块、教学服务模块，达到了构建完整的教学资源管理平台的目标。云平台可以进行非结构化数据和结构化数据的综合分析与对比，支持各种教学资源的二次开发和利用，实现多种教学模式的整合创建，从而形成以任务目标连接为驱动的智慧型教学模式。

3. 任务目标连接型课堂教学案例：人民版《高中历史 必修 1》专题七第二课《美国 1787 年宪法》

（1）课前准备

教师：在云端设备中整合人教版、岳麓版、人民版中有关美国独立战争和制定宪法相关内容的电子教材，向学生发布相关阅读任务，比较不同教材版本之间语言表达的差异。向学生推送麦迪逊的《辩论：美国制宪会议记录》等专业性读物，上传《大国崛起》纪录片中有关美国发展的视频。

学生：查看教师在云端上传的相关资料，预习美国独立战争和制宪会议相关内容，并在自己的学习小组中搜集相关的教学资料，如图片（《费城会议》、首任总统华盛顿、第 45 任总统特朗普等）、视频（《大国崛起：英国》）等，并上传至云端资料库，与同学分享，共同完成学习任务。通过与同伴、教师的交流，确定本节课需要探讨的主题为美国《1787 年宪法》颁布的背景及其主要内容，并分析美国宪法所具有的特点。

（2）课中实施

教师：创设问题情境，展示两幅电影宣传海报（《北京人在纽约》《中国合伙人》），引发学生思考"为何会追逐美国梦"。同时，提供相关文字叙述："费城会议从 1785 年 5 月 25 日一直开到 9 月 17 日，争论异常激烈。在会议上，以弗吉尼亚州为首的大州主张各州代表人数应该与该州人口成正比，人口少的小州代表却反对这一主张。"引出如下讨论：为何制宪会议会出现这种争论？这与美国的政治制度密不可分，即我们今天要学习的《美国 1787 年宪法》。（课中以任务发布的形式，利用智慧教室的技术手段完成任务连接。）

教师：利用电子白板展示这节课的主要学习任务。

探究活动 1：联邦制的优越性是什么？北美 13 州是如何建立联邦制国家的？有何意义？

学生：利用学生端相关数据分析，将全班学生分为 6 组，先对《1787 年宪法》制定背景、具体内容进行解读。每组由组员选出学习小组组长，建立

6个小组讨论群，学生可在各自的小组讨论群中进行合作探讨、阐述观点、上传资料等。

教师：从教师端的数据连接与分析中，教师可以随时观察每位学生的任务以及工作量、成果。向学生发布如下任务：阅读材料并结合教材，归纳1787年制宪会议的情况。

学生："会议各个代表争论不休，主要是因为涉及自身权力的获取与维护。"接着，学生会产生疑问：费城会议是如何解决这一问题的呢？学生将此问题导入教师端的问题栏，师生之间在技术支持下，实现教与学双向任务的转化。

探究活动2：有关1787年宪法在权力构成上的相关问题（1787年宪法是如何构建联邦政府的？联邦政府的构建是如何体现三权分立的？有何意义？）教师将"大州小州之斗""南北方之争"等资料展示给学生，学生可查看课前上传的相关资料，利用资料进行分析，得出美国实现权力的分配是将各项权力（行政权、司法权、立法权）分立，并形成制衡局面这一特点。学生在合作探究美国1787年宪法是如何实现中央与地方之间权力的制约这一问题时遇到了难点，他们将相关疑问通过云端反馈给教师。教师从各小组提问次数的数据分析中了解了这一问题是本课的重难点，进而在课堂重点讲解与总结。

教师：学生完成相关任务后，各小组提交学习资料及讨论结果至教师端，教师选择性地展示小组成员的成果。在展示学生探究成果的同时，教师完成教学评价任务，并在"学生以小组的形式总结归纳和反思问题"这一任务的发布中突出教学重点，提升学生的认知能力。

（3）课后反馈

学生：一些学生对美国民主制度发展历程等相关问题很感兴趣，可以在智慧平台的知识拓展部分查看资料，如美国政党"驴象之争"问题的相关论文。利用课后任务发布的环节达到学生进行自我检测的目的，通过在线交流功能随时和教师或同伴进行沟通，探讨对本节课教学内容的看法。

教师：对本次教学进行教学反思，将反思记录于教师自我管理系统中。了解学生习题正误情况及知识点掌握情况，对大多数学生的易错点进行标注。及时在线回答学生的提问，如果发现新的问题，在下次上课时进一步探究。

4. 任务目标连接型课堂的实践成果

智慧教育引领下的任务驱动型课堂，旨在培养学生的核心素养，并能够使课堂效率提升，使历史学习变得更有趣。学生可以通过云端对相关问题进行讨论并分配学习任务，教师可以和学生即时交流，把问题抛给全体学生，学生进行分组讨论。这弥补了过去小范围师生交流存在的缺陷。

任务驱动式课堂给学生提供了智慧思维的工具，新颖的学习方式助力学生进行更高层次的理解训练。

针对学生的使用体验，设计相关问卷。

（1）利用云端上传相关资料，对你提前了解学习内容是否有好处？

（2）小组分类讨论的实时互动，对问题解决是否有利？

（3）你认为课后互动环节，针对未解决的问题，教师还可以如何改进解答方式？

（4）智慧教育平台的运用会影响你的课堂注意力吗？

（5）引入交互式平台的情景创设，对你理解历史知识有哪些作用？

通过一些学生对此调查问卷的反馈，了解到教育信息化、任务目标连接型课堂的构建对构建智慧课堂均有重要作用。

（二）慧智——体量化在线阅读渗透语文教学

整本书阅读教学目前是学术研究的热点。体量化在线阅读平台基于数据分析，针对性、生成性、互动性、过程性更强，能更好地对学生阅读进行具体化的个性指导。

体量化在线阅读是一种通过网络平台在线完成教学的过程，在学生课堂学习的文本选择、预先准备、课堂生成、作业反馈上具有巨大的优势。而整本书阅读教学由于其所选材料的课外性强、信息量大，学生回答的主观性、分散性、零碎性强等特点，更适合运用信息化手段、利用体量化在线阅读平台进行教学。

1. 体量化在线阅读平台的设计思路

在整本书阅读教学活动中，学生始终是主体，在学生学习整本书阅读方法的基础上，明确教师如何通过智慧教育平台来进行教学。以导学法为例，将利用体量化在线阅读平台有效开展整本书阅读教学方法的研究分为以下几个部分。

（1）课前的自读

在整本书阅读的教学过程中，教师需要及时了解每个学生的阅读情况，注重学生事先的准备（比如读书笔记等），及时发现学生在阅读过程中出现的具有代表性的问题并予以解决。基于此，教师可以先让学生将读书笔记和问题上传到体量化在线阅读平台，同学之间先在平台上相互解答，教师根据平台智能数据的分析，选取最具代表性的问题和答案进行评析，共同解决。

（2）课中的探究

在整本书阅读的课堂教学过程中，教师可以通过体量化在线阅读平台实时投送问题和资料到学生的终端上，学生可以在线实时回答教师所提出的问题。同时，同学之间可以互相评析和作答，平台可以对学生的回答自动进行数据分析和问题归类。所以，教师在课堂上可以对学生的回答情况进行即时监控和实时掌握，从而使整个课堂教学过程中问题的生成性和代表性更强，能够更好地解决学生提出的问题。

（3）课后的评价

在整本书阅读的课堂教学过程中，教师布置作业的方式更为灵活多样，可以将更多的资料投送到体量化在线阅读平台。学生在回答之后将作业上传到体量化在线阅读平台，同学之间先互相评析，教师可以通过智慧平台数据分析选择有代表性的问题进行评阅，也可以对学生回答的情况进行再次点评。

2. 体量化在线阅读的教学案例：《念奴娇·赤壁怀古》

以《念奴娇·赤壁怀古》为例进行体量化在线阅读智慧课堂设计，流程见图 2-17。

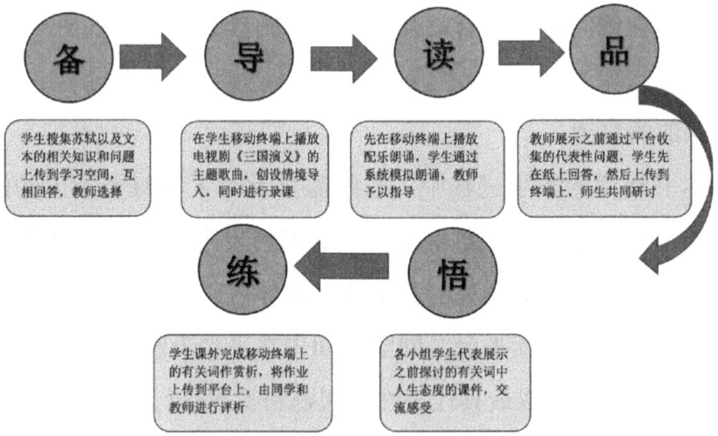

图 2-17 《念奴娇·赤壁怀古》体量化在线阅读智慧课堂设计

（1）备：通过信息化手段，课前预习准备

这个环节在课前完成，目的是以点带面，拓宽学生的知识面，也为学生理解课堂内容打下基础。

要求学生分小组通过体量化在线阅读平台搜集有关苏轼的生平简介，并制作成课件的形式，上传到学习空间，小组其他同学可以在学习空间对课件进行评析、修改。

要求学生分小组通过体量化在线阅读平台搜集名人遇到挫折而能保持旷达乐观心态的案例，并制作成课件，上传到学习空间，小组其他同学可以对课件进行评析、修改。

要求学生预习课文，借助工具书疏通词义，提出自己在阅读中遇到的问题，并上传到体量化在线阅读平台，学生可以互相作答，教师予以点评修改，并了解学生提问次数最多的问题。

（2）导：通过多媒体手段和移动终端导入新课

通过多媒体手段播放电影剧《三国演义》的精彩片断，传送到学生的移动终端上，创设情境，激发学生的学习兴趣，增强学生自主学习的热情。同时，教师开启体量化在线阅读平台的录课功能，将课堂录下来。

（3）读：通过多媒体手段和移动终端朗读作品。

通过多媒体手段在移动终端上播放配乐朗诵，学生感受其雄浑和波澜壮阔的气势。

学生在初步感知的基础上，通过终端上的体量化在线阅读平台进行模拟诵读，尽量读出豪放和雄浑的气势，教师进行一定的诵读指导。

（4）品：教师抛出学生在体量化在线阅读平台提出的具有代表性的问题进行探究讨论。

可能会有如下几个问题：

“词中为什么要提到周瑜？他的人生和苏轼有什么不同？”（这个问题可引导学生思考苏轼的人生经历，比较苏轼和周瑜人生经历的不同）“词中所体现的苏轼的情感到底是怎样的？是积极的还是消极的？”学生将回答的内容记录下来，上传到移动终端体量化在线阅读平台进行研讨。学生先在系统中互相修改，教师再选择有代表性的答案投射到屏幕上共同探讨。同时，还可以开展辩论，每一小组推选一名辩手，其他同学通过整合之前上传到智慧学习系统的课件资料，提供帮助或进行补充。学生讨论，教师充当主持人，引导学生相互交流探究，允许学生有不同的观点，言之成理即可。

（5）悟：小结与迁移

这一环节旨在让学生加深对苏轼旷达乐观的人生态度的理解，培养学生豁达的胸襟。小组学生代表展示体量化在线阅读平台上有关名人遇挫的事例，互相交流感受。

（6）练：课外拓展

这一环节的目的是落实重点，强化难点，开阔学生思维，提高学生的鉴赏和评价能力。学生将完成的作业上传到智慧学习平台，先互相进行评析、修改，教师再进行评点。同时，教师将之前录制的课堂视频上传到平台，便于学生课后随时查看。

3. 体量化在线阅读的实践成果

在诵读这一环节中，学生先是通过听名家朗读感受其雄浑和波澜壮阔的气势，再通过体量化在线阅读平台的模拟朗读这一功能模块进行模拟朗读，教师在线进行朗读指导。同时，课堂上提出的问题均是学生课前自己搜集的以及课堂互动中产生的，因此，相比传统课堂，这更能体现出学生的参与性和主动性。体量化在线阅读以其感知、交互、生成、反刍和智控等特性，给学生带来更好的学习体验，使学生对文本的理解更加深入。

第 4 节　智慧教育的探索成果与展望

一、探索成果

基于普通高中素养本位智慧教学探索，余杭中学在物联技术和智联技术的有效整合方面积累了一定的经验，在大数据的采集、挖掘、集群、整合、分析方面取得了显著的成果，在引入人工智能的理念与设备方面开展了有效的尝试，在智慧课堂的打造与智慧德育系统的构建方面形成了特色发展思路。

智慧教育是教育信息化发展的未来趋势。深入研究和剖析智慧教育的内涵与特征有助于推动我国教育事业的深刻变革。余杭中学在智慧教育的研究实践中，也获得了一些荣誉：2017年、2018年连续两年被评为“智慧教育示范学校”；2018年12月，被杭州市教育局认定为“杭州市智慧教育示范建设学校”；智慧教育方面的立项课题有12个；围绕智慧教育撰写的论文，获奖及发表的有近30篇；是浙江省基础教育研究中心“学习力和高中数学课程、教学改革研究”项目组样本校，并参与了教育部中国教师发展基金会“十二五”规划的重点课题“运用信息技术提高教学效率和学习效率的创新行动研究”。余杭中学以“让每一位学生都拥有希望，使每一位学生都获得发展”为办学宗旨，将智慧校园建设列为学校三年发展规划的重点项目，以智慧管理、智慧教学的建设推进学校特色发展的校本化。

二、展　望

（一）推动信息技术与学科教学的深度融合

目前，余杭中学各学科智慧教学中的信息技术应用仍处于基础探索阶段，而信息技术与学科教学的深度融合是智慧教育的核心追求之一。课堂是高中教学改革的主阵地，学科教学是教育系统的核心所在。创新与变革教育教学模式，是智慧校园实践的关键。教师不仅要持续提升自身信息素养，不断创新教学模式和方法、提升教学组织能力，而且要激发学生兴趣，引导学生掌握参与式、互动式的学习方式，促进技术融入课前、课中和课后的教与学之中，进而促进信息技术与学科教学的深度融合；不仅要将信息技术作为促进学生自主学习的认知工具、情感激励工具和教学环境的创设工具，还要整合各种教学资源、要素和环节，推动高中生培养模式改革，推动优质教学资源的开放共享，培养学生创新精神和实践能力。

（二）进一步拓宽研究视角，注重多方位研究

余杭中学的智慧教育探索主要在课程设计与技术开发的视角下展开，还停留在对智慧教育平台、课堂教学体系、信息关键技术等的构建和开发阶

段。这是智慧教育研究的重要视角，也是在研究的初级阶段重点关注的领域。而随着研究的深入与实践活动的推进，智慧教育的研究应逐步调整。第一，从技术层面转向理论支撑、教育环境评价层面，加强顶层设计，将智慧校园纳入学校整体发展战略。应更加注重智慧学习环境中课堂教学模式创新、教学资源创新，加强对智慧课堂的理论研究，以支持学习者的发展为导向。这需要教育理论专家与学科教学专家的合力分析、共建沟通。第二，关注提升智慧教育中管理层面的技术支撑力量，主要涉及平台技术升级、管理板块细化、技术支撑体系建设等。第三，强化创新意识，立足于打造适应本校学情与建设目标的智慧教育平台和发展模式。第四，在综合分析实践后，应制定构建智慧学习环境的相关技术标准，促进智慧教育的概念规范化，进行相关技术业务的升级改造。智慧教育环境建设不仅要重视技术平台硬件设施的更新换代，也要关注智慧教育环境的学生评价，变革评价模式与方法，增强评价的过程性与多样性，创设符合学生需要的智慧教育环境。

（三）转变研究范式，由关注“影响”转向关注“建构”

余杭中学对智慧教育的探索集中于智慧学习环境构建、智能学习系统应用及智慧教室建设等方面，这些研究主题的共性特征是关注信息技术的发展对智慧教育的作用，未能真正关注学习活动本身，且理论研究深度明显不足。在未来的探索中，应更加强调智慧教育环境中人的因素，如培养适应智慧教育环境的学生、加强智慧教师队伍建设；同时要重点关注与教学过程密切相关的智慧资源开发、智慧评价体系构建、智慧教学模式创新等，使智慧教育的内涵更加丰富、理论支撑更加坚固、研究层次更加深入，真正实现立德树人与技术发展的同频共振。

结　语

余杭中学以“让每一位学生都拥有希望，让每一位学生都获得发展”为办学宗旨，关注教育教学的均衡化、个性化发展，智慧校园的建设是践行该宗旨的有效途径。余杭中学在特色化建设的进程中，将智慧校园建设列为学校三年发展规划的重点项目，以智慧管理、智慧教学、智慧德育的建设深化学校特色发展的校本文化。在接下来的探索中，余杭中学要积极参与智慧教育的创新实践，为智慧教育的不断发展提供动力，将智慧教育发展与教育教学改革相融合，努力培育智慧时代下的智慧型人才。

第3章 Google Earth 支持下的地理智慧课堂建构

相比于 ArcGIS 等专业软件，Google Earth 软件更易操作且对电脑设备的要求较低，适合应用于中学地理教学，因此 Google Earth 为高中地理智慧课堂的建设提供了新的契机与平台。对教师而言，其中的关键在于：将 Google Earth 软件与“智慧云教育”平台相结合，实现课前、课中、课后实时反馈，提高地理教学的效率与质量，促进学生的智慧发展；利用 Google Earth 软件，构建地理课堂教学新范式；共享 Google Earth 资源库，创建学生课后自主探究的新平台。

第 1 节　研究缘起

一、传统教学工具与平台不能有效调动学生的积极性

一方面，在地理教学中，教师往往使用地球仪和各类专题地图辅助教学，有时也会播放动画、视频等丰富课堂内容，促进学生理解，但这些载体均缺乏良好的交互功能。课堂上学生获取知识的途径主要是教师个人的讲解，学生很难“动起来”“嗨起来”，从长远来看，学生会逐渐疲惫，进而失去地理学习兴趣。

另一方面，当前地理教学往往借助 PPT、Flash 等多媒体工具，在一定程度上能弥补“板图、板画、板书”对地理信息展示的欠缺，但展示效果局限于二维平面，且是局部的地理信息，不利于学生理解地理空间概念、提升地理核心素养。

二、智慧课堂是当前热点，也是未来发展趋势

智慧教室和智慧学习是当前教育信息化研究中的新热点，反映了学校教育信息化从概念到实践、从宏观到具体再到课堂教学的实施这一客观趋势。随着“互联网 +”时代的到来，新一代的信息技术（如大数据、云计算、物联网等）迅速发展并广泛应用于学校的教育教学中，使得课堂教学变得更加智能化，促进了智慧课堂的形成。与传统课堂相比，智慧课堂在课堂教学数据的收集与分析、学习过程的监督与反馈、课堂教学互动和课后的个性化指导等方面均有较大突破，能为变革和创新课堂教学提供新的方向与思路。[①]

三、Google Earth 为地理智慧课堂提供了新的发展契机

Google 公司把卫星照片、航空照片和 GIS 等储存在一个三维模型的地球上，这个模型即 Google Earth 软件，其具备地图的基本要素，使人们足不出户环游地球成为可能。Google Earth 与 Discovery 探索频道等合作，将地理与历史、人文、社会等领域的知识联系起来，组成规模庞大的信息平台以及论坛。[②]

相比 GIS，操作简单方便、交互性强是 Google Earth 软件应用于中学地理教学的优势，这有助于激发学生的学习兴趣，促进学生感知记忆的形成，提高智慧化教学的效率。因此，Google Earth 为中学地理智慧课堂的构建提供了新的机遇与平台，对中学地理教学具有重要的作用。

---

① 刘邦奇．“互联网+”时代智慧课堂教学设计与实施策略研究[J]．中国电化教育，2016（10）：51-56.

② 李莎.核心素养下Google Earth软件在初中地理教学中的运用[J].中学地理教学参考，2017（22）：32-34.

第 2 节　教学设计

将 Google Earth 软件与学校的“智慧云教育”平台相结合，打造智能、高效的地理课堂，实现课前、课中、课后的实时互动反馈，促进学生的智慧发展，课堂设计见图 3–1。

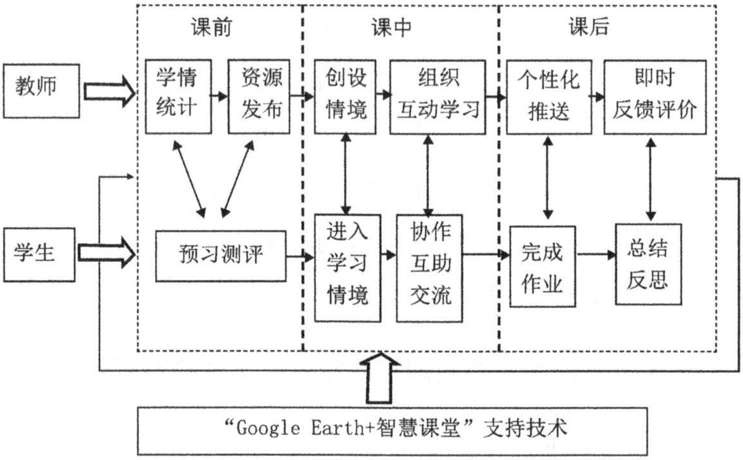

图 3–1　“Google Earth+ 智慧课堂”设计架构

一、以“智慧云教育”平台为基础，促进学生的智慧发展

借助“智慧云教育”平台，针对不同基础的学生提供不同难度的学习任务和课堂学习资料，是地理智慧课堂的又一特点。课前，教师可提供内容深度不同的材料，推送不同的资源和习题，满足学生的个性化学习需求；课堂上，教师根据“智慧云教育”平台的数据及时掌握每个学生的学情，将不同层次的学生组合在一起，让他们在分层学习的过程中取长补短，也可以针对同一知识点，以小组为单位设计不同难度的问题；课后，资源的推送做到多样化、层次化，增强学生的思维灵动性以及创造性。

二、以 Google Earth 为媒介，培养学生的地理核心素养

教育部颁布的《普通高中地理课程标准（2017 年版）》明确要求：“充分利用地理信息技术，营造直观、实时、生动的地理教学环境。”①Google Earth 具有交互性强、操作简单方便等特点，应用于中学地理教学，能使抽象、复杂的地理事物变得直观、形象、具体（如地图的放大、缩小或者突出某个地区都可以在 Google Earth 上随意操作与切换，而不必像传统多媒体教学设备那样需要准备诸多图片），有助于培育学生的人地协调观、空间认知能力和地图使用技能，发展地理学习兴趣，培养探究能力、读图析图能力以及综合分析的能力，真正形成地理核心素养。培育的前提是学生具备空间观念；培育的关键是学生掌握地图使用技能，包括中学课程中的读图、识图、绘图、用图的能力。②

第 3 节　教学实践

一、利用“智慧云教育”平台，实现课前、课中、课后的实时互动反馈

将 Google Earth 软件与学校的“智慧云教育”平台相结合，打造智能、高效的地理课堂，实现课前、课中、课后的实时互动反馈。传统课堂存在评价主体单一、方式单调、内容单薄、反馈滞后等问题，因此，教师必须改进日常教学的评价内容、方式和手段。运用“智慧云教育”平台中的课堂互动反馈系统，能将形成性评价与终结性评价有效结合，将自评与互评融入教师的提问和反馈中，既能使学生在地理学习过程中不断体验进步与成功的愉悦，

---

① 中华人民共和国教育部. 普通高中地理课程标准（2017年版2020年修订）[S]. 北京：人民教育出版社，2020.

② 李莎. 核心素养下Google Earth软件在初中地理教学中的运用[J]. 中学地理教学参考，2017（22）：32-34.

也能使教师根据获得的反馈信息调整和改进教学行为。

通过“智慧云教育”平台中的智能评价系统，师生可以进行实时互动反馈。教师可以及时调整教学活动，提高教学时效性；学生从评价活动的接受者转变为评价活动的主体和积极参与者，不断深化自我认知，合理调整学习方式。利用课堂互动反馈系统，教师能准确了解学生的知识薄弱点和盲点，有重点、有针对性地讲解教学重难点，提高教学效率。同时，教师能在完成教学目标的情况下，兼顾学生的个体差异，实现因材施教、分层教学，确保学生共同进步。

◎案例 3-1 ：“智慧云教育”平台练习实例

2020 年 1 月，浙江地理选考卷中选择题的分值由原来的 50 分提升为 55 分，其中 21—25 题分值由原来的一题 2 分变成 3 分，因此对于选择题分值的把握显得至关重要，要求教师在平常教学中提高选择题教学效率。图 3-2 是教师利用“答题卡助手”平台展开选择题专项训练的实例。图 3-2（a）、3-2（b）是学生完成选择题专项训练后，系统后台统计出的答题情况，包含提交和未提交者人数、成绩分布、错题统计等信息；图 3-2（c）为某个学生的具体答题情况，可以看到该同学回答正确与回答错误的题目；图 3-2（d）为系统导出的作业数据，通过数据表格可以清楚查看每个班级、每道题的平均得分率，回答错误的题目的人数分布及答错的选项。

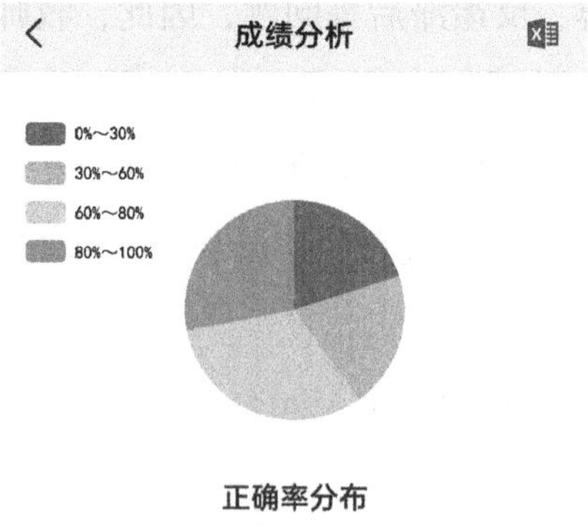

（a）

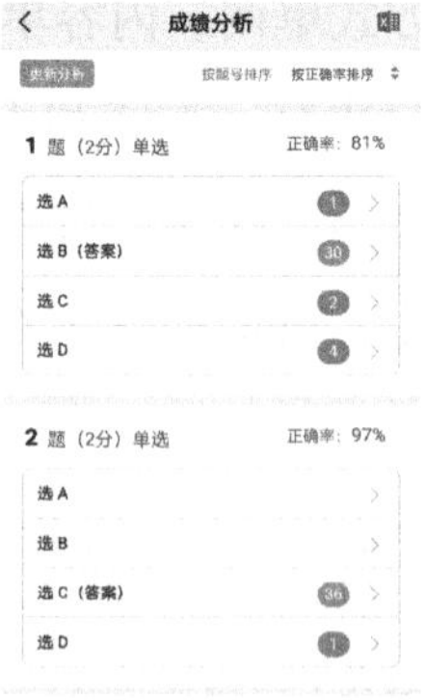

（b）

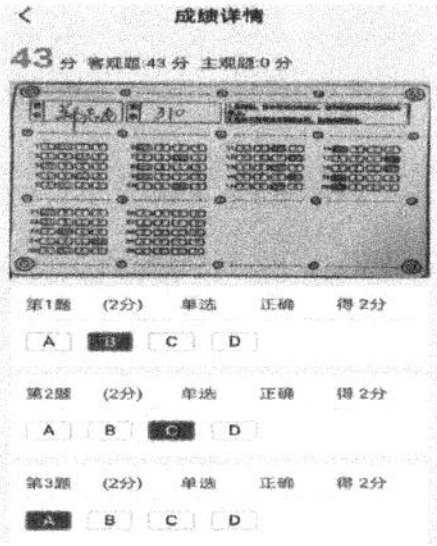

（c）

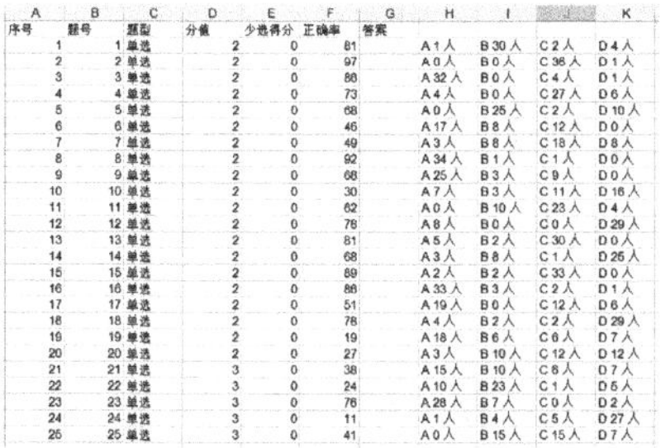

A	B	C	D	E	F	G	H	I	J	K
序号	题号	题型	分值	少选得分	正确率	答案				
1	1	单选	2	0	81		A 1 人	B 30 人	C 2 人	D 4 人
2	2	单选	2	0	97		A 0 人	B 0 人	C 36 人	D 1 人
3	3	单选	2	0	86		A 32 人	B 0 人	C 4 人	D 1 人
4	4	单选	2	0	73		A 4 人	B 0 人	C 27 人	D 6 人
5	5	单选	2	0	68		A 0 人	B 25 人	C 2 人	D 10 人
6	6	单选	2	0	46		A 17 人	B 8 人	C 12 人	D 0 人
7	7	单选	2	0	49		A 3 人	B 8 人	C 18 人	D 8 人
8	8	单选	2	0	92		A 34 人	B 1 人	C 1 人	D 0 人
9	9	单选	2	0	68		A 25 人	B 3 人	C 9 人	D 0 人
10	10	单选	2	0	30		A 7 人	B 3 人	C 11 人	D 16 人
11	11	单选	2	0	62		A 0 人	B 10 人	C 23 人	D 4 人
12	12	单选	2	0	78		A 8 人	B 0 人	C 0 人	D 29 人
13	13	单选	2	0	81		A 5 人	B 2 人	C 30 人	D 0 人
14	14	单选	2	0	68		A 3 人	B 8 人	C 1 人	D 25 人
15	15	单选	2	0	89		A 2 人	B 2 人	C 33 人	D 0 人
16	16	单选	2	0	86		A 33 人	B 3 人	C 2 人	D 1 人
17	17	单选	2	0	51		A 19 人	B 0 人	C 12 人	D 6 人
18	18	单选	2	0	78		A 4 人	B 2 人	C 2 人	D 29 人
19	19	单选	2	0	19		A 18 人	B 6 人	C 6 人	D 7 人
20	20	单选	2	0	27		A 3 人	B 10 人	C 12 人	D 12 人
21	21	单选	3	0	38		A 15 人	B 10 人	C 8 人	D 7 人
22	22	单选	3	0	24		A 10 人	B 23 人	C 1 人	D 5 人
23	23	单选	3	0	76		A 28 人	B 7 人	C 0 人	D 2 人
24	24	单选	3	0	11		A 1 人	B 4 人	C 5 人	D 27 人
25	25	单选	3	0	41		A 0 人	B 15 人	C 15 人	D 7 人

（d）

图 3-2 智慧平台练习示例

二、引入 Google Earth 软件，构建地理课堂教学新范式

（一）打破传统课堂枯燥局面，提高学生参与度，增强学生主体意识

在传统课堂中，教师往往借助 PPT、Flash 等多媒体工具，给予学生充分的地理背景素材，以问题链的形式，组织学生进行自主探究或小组合作探究，从而完成教学目标。这样的课堂曾被认为体现了“以学生为主体”“自主探究”的教学理念，在课堂教学过程中既落实了基础知识，又培养了学生读图析图、运用材料的能力。但若仔细观察和思考，会发现学生上课的时候兴味索然，甚至会打瞌睡，课堂呈现出的是学生被动接受知识而非主动探究的局面。

例如，在讲解高中区域地理“咸海萎缩的成因及危害”这一部分内容时，教师虽然提供了咸海地区的地形水系图、降水量图，也增加了图片和视频，但学生依然兴趣寡淡，理解也不够深刻。

Google Earth 的出现为打破传统教学的枯燥局面提供了新的契机。Google Earth 软件中包含了丰富的自然地理、人文地理等相关资料，为地理教学提供了新的方法和手段。理想的课堂应该轻松愉快又有深度，Google Earth 的使用和操作能让学生真正地“动起来”，真正地思考起来、探索起来、研究起来，帮助学生深度掌握课堂知识。

◎案例 3–2：基于 Google Earth 的地理探究式课堂之“咸海萎缩的成因及危害”

基于 Google Earth 的探究式课堂对传统的“咸海萎缩的成因及危害”教学片断做了如下改进。

探究活动 1：咸海面积变化

小组 1：点击工具栏“历史图像”图标，拖动时间轴滑块。对比不同时期咸海面积的变化，描述咸海 1989—2014 年湖面变化情况。推测 1989 年时南咸海东西部水深分布差异。

学生回答：1989—2014 年咸海湖泊面积缩小，东部较西部浅。

设计意图：引导学生用动态发展的眼光看待地理事物。

探究活动 2：咸海萎缩的成因

小组 2：

1. 结合“世界夜晚灯光图”图层，描述咸海流域聚落分布特点，并分析原因。

学生回答：聚落分布于河流沿岸及山麓冲积扇地区。原因是该地气候干旱，水资源短缺，河流及山麓冲积扇地区水资源较丰富。

2. 点击“城市地标”，利用绘制工具，分别绘制 1984 年和 2016 年城市边界轮廓图。

学生回答：2016 年城市边界明确大于 1984 年，说明城市面积在扩张，进一步反映出人口在增加。

3. 推测出咸海面积缩小的可能原因。

学生回答：该地气候干旱，咸海的补给主要来源于河流水的汇入，同时人们的生产生活用水也来自河流，由于人口的增加，城市面积的扩大，上中游地区大量引用河流水，导致进入咸海的水量减少。

设计意图：用“世界夜晚灯光图”来探究咸海流域的聚落分布，更能培养学生的地理实践能力。第 1 个小问题明确咸海流域人类用水主要来自河流、第 2 个小问题通过城市面积对比，探明城市面积增大、人口增加，得出用水量增加的结论；通过前 2 个问题的分析，第 3 个小问题即咸海面积的萎缩原因便可得出。3 个小问题层层递进，降低了问题的难度，有利于学生思维的发散，并且 Google Earth 的运用使得结论更加有说服力、更直观。

小组 3：

1. 结合“世界夜晚灯光图”图层，判断地标 1 是何种人文景观。

学生回答：地标 1 处灯光特别亮。

学生原以为是特大城市，但是关掉“世界夜晚灯光图”后发现，该处并不是城市，而是工业区。再查找附近其他景观，发现工业区附近有烟囱和火焰，因此推测此处有可能是石油或天然气开采区。为了验证此想法，学生又观察了波斯湾附近的夜晚灯光状况，发现波斯湾海上夜晚的灯光也特别明亮，进而利用 Google Earth 观察海上景观，发现这是石油钻井平台，从而验证了此处为石油或天然气开采区的想法。同时，石油或天然气开采过程中需要用水回灌地下。

2. 点击“农田地标”，观察 1984—2016 年农田的变化。

学生回答：1984 年“农田地标”处还是荒芜的，但是到 2016 年该处变成了规整的农业景观。

3. 分析咸海面积缩小与这些人文景观之间的联系。

学生回答：工业用水的增加、农业灌溉用水的增加，导致入湖水量减少，这是咸海面积萎缩的原因之一。

设计意图：本环节所问的地理现象与学生已知的生活现象相违背，引起学生的疑惑，解答问题的过程有利于引导学生打破思维定式。学生利用 Google Earth 观察周围地理事物得出该处可能为油气开采区，同时用波斯湾附近的夜晚灯光验证自己的结论，体现出学生严谨的学习态度和较强的探索欲，也拓宽了学生的眼界。这一学习过程，能有效培养学生的综合分析能力和地理实践能力。

小组4：

1. 点击“北咸海地标”，根据卫星地图和景观图分析为什么2014年北咸海没有干涸。

学生回答：点击图标发现，锡尔河注入北咸海，而北咸海通往咸海的河道处有大坝，所以，北咸海因人为蓄水才没有干涸。

2. 点击“水库地标”，拖动时间轴滑块，观察水库状态的变化。

学生回答：拖动时间轴滑块，发现在1984年此处还是荒芜的，但是到2016年左右，此处出现了水库，说明咸海流域存在较多水库，截留入湖水量。

3. 推测出咸海面积缩小的可能原因。

学生回答：大坝修建，截留了河流上中游的水资源，导致入湖水量减少，这是咸海萎缩的原因之一。

设计意图：在锡尔河通往咸海的下游河段中，学生在地图上发现一条非常规则平直的线段拦腰截断锡尔河的入湖通道，同时观察到上游河段水量充足，下游河段水量骤减，从而判断出这是大坝，进而发现在地图上人造地理事物往往较规则。顺着这个思路，学生发现咸海流域的河流不仅建有多处大坝，而且建有多条引水渠通向农田等地。此活动能训练学生的观察能力和举一反三的知识迁移能力，培养学生科学的思维方式。

对于区域地理“中亚咸海萎缩的成因及危害”这节课，教师抛弃了传统课堂的教学方式，采用基于Google Earth的探究式课堂。在探究“咸海危机”之前，先指导学生利用Google Earth明确咸海的地理位置，分析咸海的自然环境特征，为后续探究活动提供地理背景。这节课采用小组合作的学习模式，每个小组领取一个有关“咸海萎缩”的成因及危害的探究活动。学生利用Google Earth合作完成探究活动，之后，每组派代表演示整个探究过程及结论。最后，结合各组的探究结论，师生合作整理归纳咸海萎缩的成因、危害和治理措施，制作成思维导图，完成预期目标“学以致用”——学生可利用 Google Earth 自主探究我国“西北地区荒漠化的成因及危害”。同时，Google Earth 探究课堂为学生课后的自主学习开辟了一条新的道路，提高了学生自主探究的能力，培养了学生地理学习的兴趣以及将地理知识与实际生活相结合的能力。

（二）巧用 Google Earth，化解地理学习难点，强化学生的学科认同感

高中地理教学中，Google Earth 凭借强大的功能可以打破时间和空间界限，极大地丰富课程资源，把抽象的理论知识转化为直观的感性知识，开阔学生的视野。其通过多感官和多渠道的视听刺激，解决学生地理学习的困难，极大地提高学生学习地理的兴趣和接受知识的效率。

◎案例 3-3：构建晨昏线模型，判读各种光照图

人们极少有机会到太空中目睹地球的全貌，因此，让学生理解并弄清“地球自转、公转现象及其产生的地理意义”的成因是极为困难的，同时，这块教学内容难以用语言直观地描述。借助 Google Earth 软件的辅助，可以非常生动地开展教学，具体操作步骤如下。

1. 打开 Google Earth 软件，点击菜单栏“视图”/“网格”，添加全球经纬网。

2. 点击“视图” / “太阳”，Google Earth 界面即显示此刻日期和时间的全球昼夜分布图，移动鼠标可找到“晨线”与“昏线”。

3. 点击“时间滑块动画”按钮，随着时间的推移，系统“自东向西”移动晨昏线，可得出晨昏线移动的方向与地球自转的方向相反的结论。

4. 移动时间轴，用鼠标或者右侧的“罗盘”移动画面中的地球，可以观察到任何时间、任何角度的太阳光照图。

◎案例 3-4：确定任意两点间的方向和最短球面距离

“地球地图”教学中，确定任意两点间的方向和最短球面距离是教学难点。因其比较抽象，需要学生具有较强的空间感。Google Earth 软件能将这

类抽象的问题变得更直观、具体，其操作步骤如下。

1. 打开 Google Earth 软件，点击菜单栏“视图”/“网格”，添加全球经纬网。

2. 求任意两点方向时，如杭州（30°N，120°E）在伦敦（51°N，0°E）的什么方向？点击菜单栏“添加”/“地标”，在弹出的对话框中依次输入杭州和伦敦的经纬度，点击“确定”即可在地图中显示出两个城市的位置。如果两个城市只有名称，没有经纬度，此时可以利用“搜索”功能，找到城市的具体经纬位置，再在地图上添加相应的“地标”。通过经纬网可以快速找到两地东西方向的最小经度差和南北方向的最小纬度差，进而得出“杭州在伦敦的东南方向”的结论。

3. 确定任意两点间的最短球面距离。点击“标尺”，用鼠标连接这两点，地图上会出现这两点的连线，同时标尺面板上显示出两点间的距离。实践证明，在特殊大圆上（赤道、经线圈、晨昏线）上的两点，沿劣弧测距最近，最短距离为这些大圆的劣弧；若两点在同一半球上，最短距离也是大圆的劣弧，且大圆的劣弧凸向高纬度。

（三）基于 Google Earth 软件，优化试题讲评策略，培养学生举一反三的能力

讲评地理试题时，一要重组地理知识，优化地理知识框架结构；二要注重培养学生地理学科特殊的学习能力；三要帮助学生提升举一反三的知识迁移能力。

三、共享 Google Earth 资源库，创建课后自主探究的新平台

自主探究需要有相应的学习资源和平台来支撑，就地理学习来说，Google Earth 软件储存了海量的地理数据，能够满足学生课后自主学习的需求。同时，Google Earth 比 ArcGis 等专业软件操作更为简单，对于电脑等硬件的要求较低，更适合学生课后拓展的需要。

◎案例 3-5：区域地理“日本”一节的教学

在区域地理的教学中，“日本”一节是教学重点，教师会从日本的地理位置、自然地理特征、日本的经济等方面展开详细分析，而考虑到课时等因素，同属于太平洋地区的岛屿——新西兰则会被简单带过，或干脆不讲。但在不同的测试中，以新西兰为背景的试题经常出现。Google Earth 的出现为解决上述问题提供了新的思路，教师可将新西兰相关资料共享，学生利用 Google Earth 在课后自主解决相关问题。具体操作步骤如下：

第一步：教师设置具体问题，进行引导。问题如下：“（1）说出新西兰的地理位置特征。（2）从地形、大气环流的角度，简析新西兰南岛降水量西多东少的成因。（3）与南岛相比，分析北岛经济发展的优势地理条件。（4）分析新西兰地区多火山地震的成因，并为新西兰开发火山旅游提出合理的建议。”

第二步：学生在搜索框中输入“新西兰”，定位至新西兰，通过滚动鼠标放大或缩小地球图片，观察新西兰在全球所处的位置，同时结合“网格”“标尺”等工具，分析新西兰的地理位置特征。

第三步：将世界板块分布图、世界气候分布图及以新西兰地形分布图、河流分布图、人口分布图、交通分布图等导入 Google Earth。将不同的地理图层叠加，可得到各类关于新西兰的专题地图，显示出新西兰不同的地理特征，完成对新西兰自然、人文地理特征的自主探究。

卫星图片、航拍照片、立体模拟数据等海量数据都储存在 Google Earth 资源库中，学生在该软件上可以清晰地查询地理事物。学生课后利用 Google Earth 进行自主探究，不仅能够丰富自身的地理知识储备，而且能够提高自学能力和动手操作的能力。

第4节 教学成效

一、教学层面：优化教学资源，推动教学模式创新

传统的地理教学虽可以借助PPT、Flash等多媒体工具辅助教学，但其地理信息的展现不够直观、形象，师生之间缺乏良好的互动；同时，教学素材也较为陈旧。Google Earth软件拥有丰富的自然地理、人文地理等相关内容资源，能及时更新地理教学素材，解决教材中地图数据更新滞后等问题，提高教学的效率与准确性，为教学提供了新方式和手段。

借助Google Earth软件辅助教学，能让抽象、复杂的地理过程变得具体、直观，有利于培养和提高学生的地理时空思维能力、区域认知能力、地理实践能力以及综合分析能力，能加深学生对地理知识的理解与记忆，真正将核心素养培养落实于高中地理教学的各个环节。

二、学生层面：激发学生的学习动力，推动学生学习方式的转变

地理事物的特征与分布能够在Google Earth上真实、准确地展示，这激发了学生对地理事物探究的欲望，充分调动了学生学习的主观能动性。Google Earth软件为学生提供了个性化的操作平台，有利于培养学生动脑、动手、拓展思维的良好习惯。这一过程必然会将学生单一的、被动接受的学习方式转变为积极主动探索的学习方式。经过一段时间的课堂实践，学生在区域地理相关知识的掌握方面有所进步，在考试中取得了较好成绩，同时也增强了自主思考的意识。

三、教师层面：促进教师能力提升，推动教师教学行为转变

基于Google Earth的智慧课堂是一种利用Google Earth创造情境、进行案

例分析、将抽象的地理现象生活化的教学方法。其间，教师从知识的传授者转变为学生主动建构知识的促进者。

在教学实践过程中，部分探究活动涉及较为专业的内容，同时，学生对Google Earth软件的操作水平参差不齐，需要教师加强指导。这对教师自身能力提出了很高的要求，因此教师要需不断提升信息素养、更新知识结构。

结 语

现代教学信息技术更新换代迅速，在为教学带来新的机遇与平台的同时，也给一线教师带来不小的挑战，要求一线教师不断学习，提升自身教学技能与教学素质，将先进的教学技术合理地运用到实际教学中，提高教学质量与效率。本章对Google Earth软件在地理教学中的应用研究仍处于初始阶段，总结的教学方法和教学经验尚有欠缺，在后续研究中将不断完善。唯有经过实践、积累、反思、总结，教师才能与时俱进，跟上教学发展的最新步伐。

第4章 XMind构建生物思维导图式知识网络

思维导图的应用，能充分发挥学生主体性，使学生积极、主动地参与到学习中来，促进知识目标达成和基本能力提高。思维导图的应用，使教师不仅能关注全体学生，还能关注个别学生的差异，最大限度地因材施教。思维导图用于高中生物复习，有助于学生学业成绩的提高。①

第1节　研究缘起

进入高三复习阶段，在一、二轮复习中，教师会对学生学习进行巩固强化，但是学生总会有遗漏，甚至复习到后面，很多很重要的、复习过且教师强调过好多遍的知识点，学生竟然还是不会、不懂；有一些知识点则是学生当时明明记住了，看起来也理解了的，后来还是忘记了。其中一个重要原因是教师知识灌输成为习惯，学生消化不了，更无法活学活用。笔者负责高三A班和高三B班两个生物选考班的生物教学，这两个班的教学程序和方法相同，同样是50人，但高三A班高考生物选考成绩（平均分为85分）高出高三B班（平均分为75.6分）将近10分。

在两年多的生物学习中，两班同学在生物学习上都很有热情，也愿意付

① 陈小梅. 思维导图在高中生物复习中的应用研究[J]. 现代教育技术，2010（S1）：133-135.

出努力，基础也差不多。但是同样的教学方法、教师资源，以及同等的学习投入度和任课教师，两班生物成绩却有着较大差异，除去学生个人因素、偶然因素，笔者认为很大的原因是，在高考复习阶段高三 A 班的同学更好地使用 XMind 构建思维导图，使复习更到位、知识掌握更扎实。

目前，用于构建思维导图的软件非常多，比如 MindManager、MindLine、MindVector、MindManager、MindLine、MarginNote、XMind、MindNode 等。经过师生反复试验，最终确定采用 XMind 来制作思维导图。首先，它能免费使用，这对学生来说是非常有利的。其次，它操作简单，适时切换着使用 Tab 和 Enter 两键即可，更适宜于在手机和 iPad 上使用。最后，它比在纸上绘制思维导图更灵活，不受纸张尺寸的限制，而且软件本身也为思维导图的制作者准备了打印、分享、转换格式等功能（因为学生平时在校时手机和 iPad 不能随意使用，所以打印功能特别重要）。

思维导图能极大地体现思维活跃度、理解深度和思维广度；并且，因为每个人的思维优势和思维角度不同，所以就某一个点延伸开来的时候，不同的人可能构建出相差很大的思维导图。

应用于教学，思维导图具有如下优势：能形象地呈现各知识点之间的联系，提高学生学习的积极性和主动性，对那些缺乏生物学习兴趣的学生来说，思维导图能增强学习注意力；能促进学生主动对生物学知识进行深入理解，建构概念和概念之间的意义联系，探索规律；能作为元认知工具，使学生有机会反思学习过程；能使学生长时记忆中的知识系统化、条理化；能使学生明确学习目标、重点和焦点；能使学生创造性地学习，激发创造的欲望；能使几乎所有的学生体会到成功，使更多的学生树立学习的信心；能使教师更有效地和学生对话、交流。①

这些特点在高中生物学科中有着较好的应用价值。很多生物知识点看起

① 陈小梅. 思维导图在高中生物复习中的应用研究[J]. 现代教育技术，2010（S1）：133-135.

来细碎，而如果仔细思考，可以发现它们之间存在着某种联系，这些联系若能由学生自己发现，比教师一味灌输更见成效。并且，在实际学习中，学生面临不同的知识获取困境：很多同学讨厌枯燥的背诵；一些不排斥背诵的同学在很努力地背会之后，发现没过多久又忘得一干二净，从而产生挫败感；很多同学未养成自己梳理知识网络的习惯，习惯了被喂食的学习方式。为此，笔者要求学生通过构建思维导图，主动找出这些生物知识点之间的联系，甚至是以自己独特的方式或逻辑建立知识关联图。学生如果能够在教师指导下自行绘出思维导图，其就能在新旧知识之间建立某种联系或逻辑。学生在独立绘制思维导图的过程中，这种联系会越来越清晰和完整地呈现出来，帮助学生加深对知识的理解。

第 2 节　教学实践

学生制作思维导图的流程，见图 4-1。

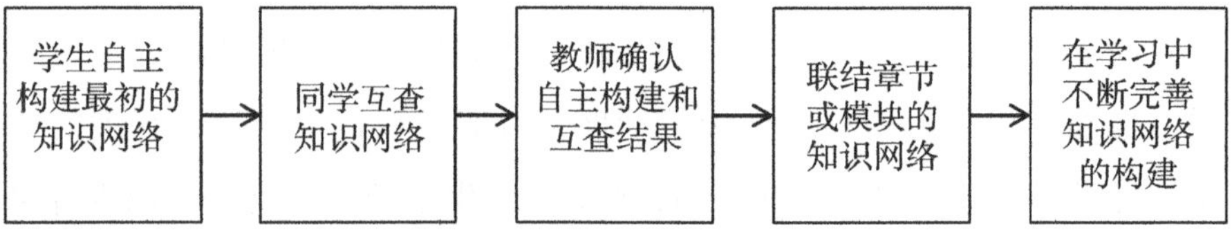

图 4-1　思维导图制作流程

一、学生自主构建最初的知识网络

当教师带领学生即将复习某一章节或者某一模块的知识时，周末（因为学校规定，学生只能利用周末或假期使用手机和平板电脑）先让学生自己找出此章节（如细胞的代谢）或模块（分子与细胞）中的一个或者多个核心知识点，然后撇开任何资料，开始基于一个或多个核心知识点，利用 XMind 构建思维导图。如果是一个核心知识点，就以此为中心按照自己的思维延伸开来。如果是多个核心知识点，可以依据自己的习惯、知识掌握的熟练程度、知识出现的先后顺序等其他条件依次延伸，最后构建成核心知识点之间有着直接或间接联系的知识网络。当然，学生在构建知识网络时，肯定会遗漏知识点或者未能正确建立相关知识点之间的联系。在确定没有补充或修改后，总结在绘制知识网络时遇到的问题，列在知识网络的一侧，这时可以利用手边的资料进行查证，进一步修改知识网络。修改完成后，再次翻阅教材教辅资料，将遗漏的知识点融入知识结构，从而绘制出学生自认为比较合理和正确的知识网络。在绘制这种思维导图式的知识网络时，学生会对知识有比较宏观的掌握，同时还抓住了细节，有效地查漏补缺。

学生通过独立思考建立知识网络，其中的逻辑是学生思考的结果，因此学生更容易理解，在复习时会更快回忆起当时的思路。但是只靠自己，难免会有误区和遗漏，这就需要借助外界的力量（即同学和教师），进行第二步的操作。在这一步的操作里，A 班同学和 B 班同学有了初步的差距。在笔者留存的记录里，A 班同学制作的思维导图在知识结构上比 B 班同学的更广更深。一开始在知识的整理方法上就出现差异，后面产生极大的差距也是可想而知的。

二、同学互查知识网络

在第一步的操作之后，学生需要将制作的思维导图打印出来。也有部分学生学习特别积极，在家里即把制作好的思维导图分享给了同学，相互学习、相互帮助。

互查可以是在同桌之间，也可以是在小组之内。这一步的操作是有条件的：最佳状态是双方学习状态相近。相差太大，往往对成绩好的同学帮助不大。如果两人基础都不好，则最好是在小组内互查。小组内互查时，为了使互助效果最大化，可以加上小组讨论的环节，逐一讨论每个同学构建的知识网络，消除误区和查漏补缺。这个过程既能提升学生对知识的掌握程度，又能增强学生的团队协作能力和人际交流能力。

在这一步，还是A班的同学表现优秀一些。大家在讨论时积极高效，能快速发现对方的精彩之处，也能帮助对方发现不足，并标记好自己需要作出调整的地方。

三、教师确认自主构建的知识网络和互查结果

在前面的查漏补缺环节，学生之间、小组之间存在差异，对知识的理解也有偏差，这就需要教师检查学生构建的知识网络。学生的思维方式各异，所以构建的思维导图式知识网络也有区别。甚至有些知识结构如果不询问，教师也不能理解局部关联的建构逻辑。不过这对学生和教师都有帮助，既能激发学生消除误区，又能帮助教师更深入地了解学生，在一定程度上还能拓宽教师的思路。

至此，学生构建的知识网络算是比较成熟和稳定了，但是这不是整个高三始终使用的定稿，而要在后面的学习中不断修改与完善。

四、联结章节或模块的知识网络

章节或模块之间是有联系的，所以可以利用它们之间的多种联系来构建更全面的知识网络。学生在后面的章节或模块都复习完成之后所建立的知识网络，可以与之前构建的知识网络进行联结，最后形成的会是一张修改过很多次的比较完善的大型思维导图。比如，复习完“细胞的代谢”之后构建的知识网络与复习完“细胞的增殖”之后构建的知识网络可以进行联结，复习完“遗传定律和伴性遗传”之后构建的知识网络可以再与前面的知识网络进行联结，直到全部复习完成，最后构建出一个符合学生思维习惯的独一无二的高中生物知识网络。这些程序在XMind上操作起来非常简单，将前一个思维导图与后一个思维导图在恰当的位置合并即可。

五、在学习中不断完善知识网络的构建

所有的思维导图式知识网络在建立后都是可以改动的。因为随着学生复习的深入，其不断会有新的观点形成，这就需要及时补充到所构建的知识网络中。同时，以前没有检查出来的错误也会逐渐暴露，需要及时纠正。

在这一步的操作中，无论是A班还是B班，都会有学生在某个时间拿着自己之前制作的思维导图来询问：“老师，你看这个地方是不是设置得不合理？”在笔者予以解答后，学生能及时地对误区进行修正，扫除学习路上的绊脚石。比如，某同学最初建立了思维导图中的一个环节，见图4–2。

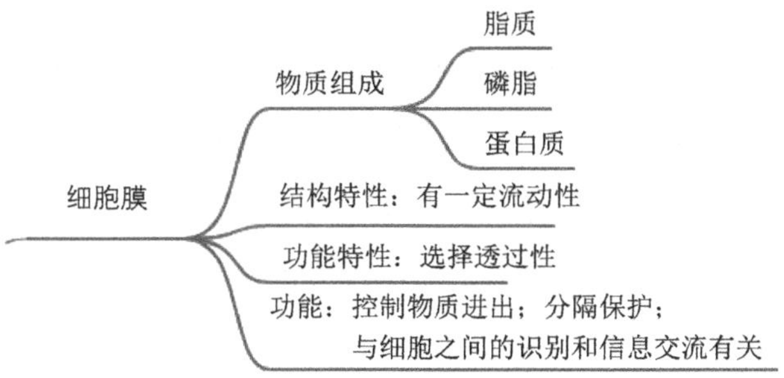

图4–2　初始思维导图

在讨论和反思之后，该生发现思维导图还可以修改，结果见图4–3。

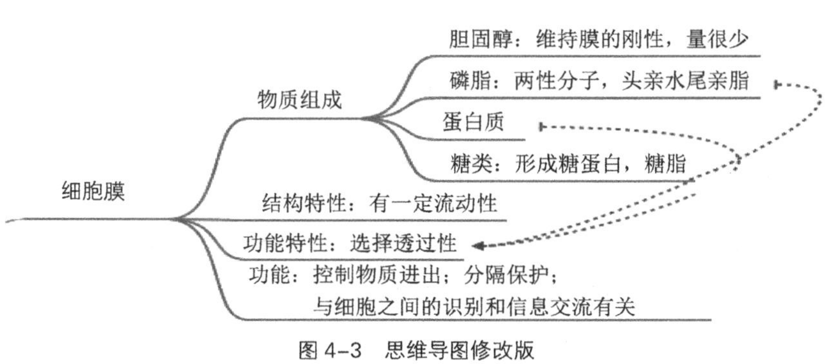

图4–3　思维导图修改版

第3节　生物课中思维导图的应用策略

在课堂教学中，利用思维导图“活化”高中生物知识，即在教学辅助工具的选择上，运用思维导图，以其突出重点和直观的知识表征形式，高效辅助学生进行信息加工，帮助学生建构清晰的知识网络，进而培养学生生物学科核心素养。①

一、以图串点，让知识“活学”起来

在授课时，教师可引导学生用图串联零散知识点，由中心向分支，协助学生在体系中对知识进行清晰定位，而非机械记忆。思维导图的构建应打破概念图“一课一图”或“一节一图”的形式，呈现连续性和开放性，促进新旧知识间的有意义建构。同时，思维导图的绘制还可促发协作化课堂学习氛围。需明确的是，教师的作用不是提供现成的知识结构，而是辅助学生进行个人化的知识建构，实现“举一纲而万目张，解一卷而众篇明”的效果。

二、据点绘图，让知识“活现”起来

高中学生遇到较多的生物问题是知识提取难、复现效率低，教师可用绘图的方式辅助学生进行知识复现。但知识间的衔接不是点对点的线性式，而是多维度的，教师应引导学生在知识学习阶段由被动接受者转变为主动建构者，将“动脑”贯穿于知识学习的全过程。

三、用图导练，让知识“活用”起来

导图的使用可以完善学生的信息加工模式，辅助构建开放型知识网络，推动知识“活用”，进而达到提升学生生物学核心素养和思维能力的双重作

① 刘昕，刘博伟.巧用思维导图“活化”高中生物知识[J].中国教育学刊，2020（12）：102.

用。用图导练的路径是知识的有效迁移，基础在于用图，目的则是超越学科本身知识与能力的要求，培养学生的科学思维，提升综合运用知识的能力和批判性思考的能力。

结 语

在构建思维导图式知识网络时，学生占据主导地位，所以学生对知识的消化能力、利用能力更强。此外，学生在构建此种知识网络时，思维更加发散，更易于对知识的学习和掌握。

两个班级的生物成绩相差悬殊，虽然是种种因素共同作用的结果，但从思维导图的构建上看，A 班同学比 B 班同学确实更胜一筹，在高中生物知识的掌握上也是 A 班同学更加出色。所以，笔者推荐在高三复习阶段使用 XMind 制作思维导图，用好它，真的能事半功倍。

第5章 基于CRS的高中英语听力课堂设计

课堂互动反馈系统（Classroom Response System，CRS）是一种现代信息媒体教学技术，近年来已经在国内课堂教学中得到初步应用并取得了一定的效果。本章在阐述课堂互动反馈系统的定义和应用现状的前提下，基于听力教学经验，从教学设计、学生活动、课外拓展三个阶段探索课堂互动反馈系统在听力教学中的应用途径，以期实现传统听力教学与现代信息技术的深度融合。

第1节 研究缘起

一、高中英语听力教学面临诸多挑战

《普通高中英语课程标准（2017年版2020年修订）》中指出：语言技能具体包括听、说、读、看、写等。在英语课堂教学中，学生首先需要听，可见，听在语言学习上起了很重要的作用，听是第一步，也是关键的一步。[①] 事实上，学生在运用英语的过程中50%的时间都与听力相关。在高考英语试卷中，听力测试是占1/5比重的题型。然而，目前的高中英语听力教学存在

① 教育部.普通高中英语课程标准（2017年版2020年修订）[S].北京：人民教育出版社，2020.

着各种问题和挑战。如：教学形式机械化，教学顺序通常是放录音——对答案——再放录音；教学过程缺乏互动，听力课上教师更像是播音员或答案提供者，学生只是被动地完成听力任务，缺乏学习兴趣和主动性；听力教学资源单一、固定，不能适应学生的不同情况，无法满足学生的不同需求。

近年来，以移动互联网、大数据、云计算、物联网、新型交互媒体为核心的新一代信息技术在教育中得到广泛应用，为学习者提供了丰富的认知工具与支撑环境，为师生建立了更开放、更多样的课堂教学模式。随着传统课堂教学环境向信息化、智能化方向发展，智慧课堂应运而生，为高中英语听力教学的变革和创新提供了新的思路。

二、CRS 应用于高中课堂具有显著优势

（一）CRS 概述

CRS 是一种利用无线电发射，通过接收系统以及配套软件，将课堂上全班学生的反馈信息实时传送给教师，实现多个学生和教师的集体反馈与互动的一种教学系统。CRS 硬件由接收机和答题器两部分组成。接收机用于接收学生发射的信号，如（平板）电脑。答题器（见图 5-1）供学生使用，大小如手机，其上有显示屏、数字按键和若干功能键。学生通过答题器传送数字、字母等信息。答题器的功能相当于无线发射器，每个发射器都有编码，发射出的信息互不干扰。不同于通过传统提问获得部分学习者的反馈信息，课堂互动反馈系统能帮助教师快速收集并分析全体学生课堂问题反馈，实时了解学生的整体学习状态，同时兼顾掌握学生的个性特征，进而更好地开展教学活动。

图 5-1　CRS 答题器

CRS 最早在 1966 年应用于美国斯坦福大学。2005 年，哈佛大学引入了一种名为“Clicker”的教学反馈设备，并以此创设“敏捷教学”（agile teaching）

模式。随后，这种新的教学设备及教学模式在美国其他高校被应用并迅速普及，到2012年底，美国大学综合排名前100名的高校已有92%使用CRS。同时，CRS的应用范围在全球逐步扩大，给教学带来了全新的变革，在大、中、小学的多层次与多学科（尤其是理工学科）教学中得到了较为广泛的应用，在大班教学中也发挥了积极作用。①

在国内，2010年以来，一些知名高校也开始关注CRS的应用。2013年3月21日，央视国际频道以《川大又现课堂"神器"》为题，报道了"课堂投票表决器"在四川大学的应用情况，引起了国内高校的关注。②但是由于教学理念、教学方法以及学科特点的差异，CRS在国内的应用主要集中在北京、广州、上海等地区的一些高校，在其他地区或者其他学段并未得到全面推广和普及。

《普通高中英语课程标准（2017年版2020年修订）》强调普通高中英语课程应重视现代信息技术背景下教学模式和学习方式的变革，充分利用信息技术，促进信息技术与课程教学的深度融合。教师要努力营造信息化教学环境，为学生搭建自主学习平台，帮助学生拓宽学习渠道，深化信息技术与英语课程的融合，提高英语学习的效率。因此，CRS及相关技术能否运用于高中课堂，如何运用才能助力学生的自主学习、合作学习和探究式学习，是值得探究的问题。

（二）CRS应用于大班授课的优势

CRS应用于大班授课有诸多优势，主要体现在以下三个方面。

第一，提高课堂教学管理水平。大班教学课堂管理主要有两大挑战：难以创造良好的师生互动环境，而英语课堂上的学生沉默现象更为严重；难以

① 陈真真．基于课堂应答系统的大学英语教学设计及实践：以基于WEB的Socrative课堂应答系统为例[J]．现代教育技术，2013（10）：87-91.

② 梁国彪，姜蓉，张建站．课堂反馈系统在高校课堂中的应用研究[J]．中国教育信息化，2017（3）：26-28.

进行课堂考勤管理。大班教学研究发现，CRS 能有效提高学生上课注意力、学习兴趣、投入程度，以及班级出勤率。

第二，改善学习效果，提高学习成绩。常见的 CRS 教学模式是同伴教学法。第一轮，教师需要先提出问题，学生独立思考并用 CRS 作答，同步显示答案分布直方图。此时教师并不公布答案，而是让学生成对或分组进行讨论，待达成一致意见后再进行第二轮 CRS 答题。这时再进行全班范围的讨论，直到得出正确结论。同时，CRS 有助于提高测试成绩，提升学习效果。

第三，有利于开展学习评价。CRS 能够提供即时反馈和形成性评价。CRS 的应用使得在大班中进行全面、快速、准确的形成性评价成为可能，学生通过反馈了解到自己的不足，促进自主学习；教师通过反馈可以动态调整教学以适应学生真实、即时、变化的需求。

第 2 节　教学实践

一、实践背景

传统听力教学主要有两种形式。一是结合教材中的专门训练听力的活动。如新版人教版高中英语教材每个单元的 Using Language、课后练习的 Listening 和 Listening Task 部分中都包括听力部分，均以与本单元的话题密切相关的内容为主题。二是针对高考英语听力的模拟训练，以语篇（对话或独白）为测试载体，要求学生完成 20 道单选题。在实际教学中，两种形式往往是孤立开来的。在高一阶段教师偶尔还会利用教材开展专门的听力课堂教学。而到了高二尤其是高三阶段，受教学进度的限制，听力教学被压缩。CRS 引入听力教学，不是要取代传统的教学形式，而是利用智慧教育的优势，弥补传统教学的不足。

笔者所在学校于 2017 年引入 CRS。该系统由学生终端（答题器）、数据采集与处理服务器和教师终端构成。学生终端主要有两种类型：一种是专门的答题器设备，通过按键可以选择数字或字母；另一种是通过平板电脑安装App实现。

为使课堂互动反馈系统更好地应用于高中英语课堂、服务于英语听力教学，笔者基于使用“开十二教育”平台的体验，从教学设计、学生活动、课外拓展三个阶段，探索了课堂互动反馈系统在听力教学中的应用途径（见图5-2），以期实现如下目标：在课前全面了解学生已有知识水平，在课堂进行中实时掌握学生整体上的学习情况以及单个学生的学习情况，在课后持续关注学生学习进度。

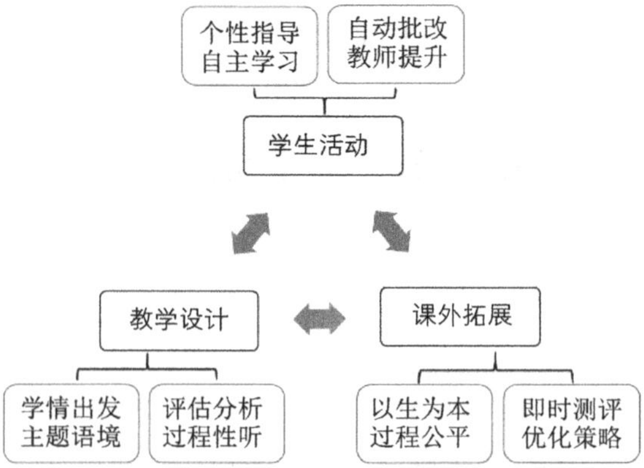

图5-2 基于CRS的英语听力教学设计

二、课堂设计

（一）学情出发，主题语境

要想正确理解语言的内在含义，离不开语境。在课堂上，教师应分类播放不同场景的对话，如校园、办公室、医院、餐厅等，引导学生分析总结不同场景下谈话者语气、语调等的不同，提高学生的语境意识。[①] 运用 CRS 的听力测试训练，其中一项功能是反馈班级学生每题的得分率。教师可针对高频听力话题，对得分率低的题目进行分类汇总，从而了解学生在哪些话题上的听力训练较薄弱，并将这些题目结合到单元话题教学设计中。

例如，教师对 2017—2020 年浙江卷的听力真题中的短对话进行考点分类，并记录 CRS 中某班学生的得分率。教师发现，学生在数字计算这一类题上失分较多，可能原因有学生没有掌握数字的正确读法、对数字听力反应迟缓等。因此，在进行人教版新教材模块必修一第四单元“Natural Disasters”的单元教学时，教师借助纪录片 *Australia to Pay ‘Whatever it Takes’ to Recover from Wildfires*，让学生在“自然灾害”主题语境下学习数字的正确读法并练习听数字技巧（见图 5-3）。

2. Listen and fill in the blanks

Australia to Pay ‘Whatever it Takes’ to Recover from Wildfires

Australia's government has promised to pay "whatever it takes" to help communities recover from ongoing wildfires.

Prime Minister Scott Morrison announced Monday an additional (1)__________in government aid for recovery efforts. Officials had already promised (2) __________of dollars to help rebuild from the fires.

About (3) ______ wildfires have burned more than (4)__________ hectares of land in the southern Australian states of New South Wales and Victoria. At least (5) _______people have been killed. More than (6)__________ homes have been destroyed by the fires.

Answer: (1) $1.4 billion/$1,400,000,000 (2) tens of millions (3) 200 (4) 6 million (5) 24 (6)2,000

图 5-3 听力练习示例

这样的教学设计从学情出发，用数据客观精准地预测了学生的实际需求，并挖掘真实的主题语境、设计有针对性的听力任务，激活大脑已有图式，使学生的听力思维能够融入听力材料的语境中，在听力学习中尽快地实现由单纯的表层记忆转向深层理解。

① 陈超.四级听力短对话中语境理论的应用及其对教学的启示[J].考试周刊，2010（1）：91-92.

（二）评估分析，过程性听

当前英语听力教学主张由强调结果正确的成果性听转为过程性听，因为听是一个思维活动的过程。教师可利用 CRS 对学生听力测试的结果进行评估，分析理解错误的原因，对症下药，设计听后感知活动，进行专项训练。

例如，学生练习 2019 年 6 月浙江高考英语听力真题测试后，教师利用答题器反馈数据，对该班得分率在 90% 以下的题目涉及的语音知识进行归类分析（见表 5–1）。

表 5–1　2019 年 6 月浙江高考英语听力练习错题语音知识统计

项目	第9题	第4题	第2题	第16题	第5题	第18题	第7题	第14题
正确率 /%	36	56	68	68	74	78	78	84
语音知识	停顿	连续	语调	爆破	同化	语调	重读	连读

根据统计数据，教师在练习讲评教学设计中，将教学重点设为学生通过过程性听感知并操练停顿、连读、语调、爆破等语音技能。教师可对听力材料设计挖空练习，让学生反复听，并补全句子；然后，教师讲解相关语音知识；学生再反复听，进行跟读训练，从而掌握语音技能，提高听力水平。

三、活动设计

（一）以生为本，过程公平

中小学生课堂过程公平当以“平等对待”和“差异对待”为底线，保证学生能够获得平等的、适合的高质量教育。[①] 传统教学中，教学往往以“学生听材料——学生在书本上做出判断——学生代表发言陈述观点——教师公布正确答案”的形式展开，其问题是教学不能真正面向全体学生。除了个别表现积极的学生能站起来发表观点，大部分学生无法公平得到表达态度的机会。

① 方光宝，李学良. 课堂过程公平的构成因素及其验证[J]. 全球教育展望，2017（12）：113-123.

教师无法获知每个学生的答案，教学评价也只是面向个别学生。而智慧教育依托物联网、云计算、无线通信等新一代信息技术构建智慧教育环境，具有无缝连接、智能交互、智能管控、可视化的技术特征，使人人平等地享有公共教育资源。

以旧版人教版模块二第一单元“Reading & Speaking”的教学为例，教学目标为学生能区分材料中的观点与事实，并能根据所听到的内容表达自己的观点和态度。结合 CRS 的教学中，教师在呈现问题后，可先引导学生展开讨论，预测答案。学生通过答题器进行抢答，课堂气氛十分活跃，有的学生紧锁眉头认真思考，有的则信心满满马上抢答。接着，教师收集 CRS 上的信息，呈现给学生投票，学生发表自己的观点。然后，学生完成听力练习 4 和练习 5。教师给学生 1 分钟时间，思考哪个人物给的信息更有可能是事实，并用投票表决器完成第二次投票。这个环节要求学生自主思考，不允许互相讨论。随后，教师根据 CRS 接收到的学生回答信息，将学生分成正反两组。教师引导正方和反方的学生进行讨论，选出代表阐明己方的观点，进行辩论。教师在辩论过程中适当进行引导，最终总结学生观点，生成答案。

这样的教学形式，不仅使学生的兴趣得到激发，而且使以学生为中心的学习活动得到鼓励。整个教学过程给予了学生开放的学习空间，为更多学生搭建了展示平台，体现了教学的过程公平。同时，在 CRS 支持下的听力课堂中，学生既能独立思考、自我反思，又能合作交流、取长补短，在互动和交流中引发思维碰撞，发展思维能力。而在教学评价上，除了教师的即时性激励评价外，还通过投票、讨论和辩论等活动贯穿了同伴评价，实现了评价的多元性。

（二）即时测评，优化策略

在听力教学中，存在目标把握不准确、听力材料处理形式化、重视信息获取而忽视听力策略指导等问题。[①]然而，在信息技术的融合下，课堂能通过终端实时分析并呈现每个学生的学习情况。有了数据作为支撑，教师能有效地监测学生的学习效果，并即时优化教学策略，从而设计更有针对性的教学活动，选择更有效的教学方法，实现有效教学。

以高三的一堂听力测试讲评课为例。学生完成整张练习卷并用答题器记录答案（约需 17 分钟）。CRS 的终端能够即时统计提交情况、正确率，并能整体呈现，作出总体情况的统计分析。教师对学生的学习情况一目了然，对于正确率高的练习就不需要再进行过多的讲解。根据系统提供的数据，教师了解到学生第 7、12、13、14、18、19 题的得分率较低，均低于 60%，系统上还清楚地显示每道题各选项的选择率。点击每位学生的姓名，能看到该生每题的答题情况，绿色为答对，红色为答错。根据这些数据，教师将这几段听力材料设为课堂上练习讲评的教学重点，并设计了不同形式、不同层级的教学活动。

第一，泛听、精听互动的听力训练。学生听第一遍，要求抓住大意，记录关键词；教师再播放 1~2 遍录音，学生以提纲的形式记录主要信息；学生以合作学习的形式完善、再现录音主要内容，理解正确答案。

第二，强化语音教学的听力训练。在学生完成记录全部内容的基础上，教师播放听力练习过程中学生觉得困难的单词和句子，让学生模仿语音语调，提高听力能力的同时提升语音素养。

利用 CRS 教学，能弥补黑板、纸质试卷等传统教学工具的不足，教师所作出的教学决策都是以学为依据的，是基于学情的，真正做到了学、教、评一体化。同时，教师利用 CRS 能扩充学习内容，并结合学习内容有重点地训练不同学习策略的运用。

---

① 刘云凤.基于听力认知策略的初中英语听说教学设计[J].中小学外语教学（中学篇），2017（4）：30-35.

四、课外拓展

（一）自主学习，个性指导

基于 CRS 的课堂中，教师可根据教学重点或难点，引导学生自主学习、合作学习、探究式学习，学生是学习主体。学生需要保持强烈的学习动机，主动、积极地参与到学习过程中。与传统教学不同，在基于 CRS 的听力教学中，学生从接受者转变为教学活动的参与者，主动思考问题，激发深度思考能力，最终发展自主学习能力。

不仅如此，CRS 上记录着每位个学生对课堂教学进程中每一个问题的反馈情况。教师可深度挖掘这些数据，进而掌握每个学生的知识掌握情况和个体差异，开展个性化指导。例如，教师分析某位学生的数据后了解到该生在“推断对话发生场景”这类题上失分较多，于是针对这类题的学习策略进行重点讲解，指导该生进行强化训练。同时，教师也可推荐相关资料，建议学生利用互联网等渠道拓展学习资源，帮助学生提高这类题的正确率。

（二）自动批改，教师提升

基于 CRS 的听力课堂在测试学生听力时，可用自测形式布置客观题，教师只需提前将题目内容和答案输入后台。学生领取答题器，收到纸质版的试题后，开启标准化考试系统，在规定的时间内用答题器输入并提交答案。完成后，系统便会进行自动批改。学生事后可直接了解自己所得的分数和正确答案，教师不仅省去了大量的作业批改时间，还可根据作业分析系统了解整体作业完成情况，并得到每一题正确率的统计，以掌握教学的难易点。这一功能不仅丰富了学生的学习渠道，有效地提升了学生的学习效果，同时把教师从繁重的批改工作中解放出来。最重要的是，即时反馈使教师不仅能掌握学生的学习情况，而且能及时地反思并纠正自己教学的不足，根据获得的反馈信息调整和改进教学行为，探索出一条有效开展听力教学的路径。

例如，教师借助 CRS 提供的数据库，能更有把握地选择贴合学生水平的听力材料，或者选取学生更感兴趣的听力资源。同时，教师对学生学习中可能遇到的困难心中有数，因而在设计教学步骤时会更加细致。在教学过程中，教师能随时根据系统反馈数据调整教学活动，随机应变，而不是照本宣科。

结　语

在教师初步尝试这种课堂教学方法时，学生的活跃度并不高，习惯了填鸭式教学的学生在课堂上思维比较懒惰。经过教师两年的探索，学生的课堂参与度有了普遍提高。近 96% 的学生表示愿意接受 CRS 构建的互动教学模式，认为能活跃课堂气氛，提高自身的课堂注意力，凸显学生的主体地位，激发学习兴趣，及时反馈课堂教学效果，提高课堂教学效率。所谓互动教学，就是要培养学生积极思考、主动学习的探究精神。基于 CRS 的听力教学，不仅活跃了课堂氛围，更重要的是为学生营造了一个鼓励独立思考、自由探索、合作探究、勇于创新的良好学习环境，让学生体会到自己是学习的主动者。

总之，听力素养的培养是高中英语教学的重要目标和任务，基于 CRS 的听力教学为高中英语听力教学改革与创新提供了新的思路和条件。同任何教育技术一样，使用 CRS 本身并不能促进教学，只有与具体的教学方法和教学策略相结合才能让教学更有效。左右课堂教学效果的不是技术，而是技术背后的行为方式。今后，笔者将继续深入研究技术背后的教与学问题，强化 CRS 在高中英语听力教学中对学生学习的支持与服务作用。

第6章 巧用影视资源建构高效语文课堂

“闻先生把自己在整张毛边纸上手绘的伏羲女娲图钉在黑板上，把相当繁琐的考证，讲得有声有色，非常吸引人。”汪曾祺先生在《西南联大中文系》一文中书写了那个艰难的时代里，中文系的教授们如何用“传统办法”来建构课堂，以此表达对教育的热爱和对学问的追求。今天，一支粉笔、一块黑板、一卷书，含英咀华，固然不错，但是随着智能时代的到来，教育手段发生了翻天覆地的变化，技术让语文课有了无限的可能。智能时代，语文教师讲“伏羲女娲”的神话，充分利用影视资料等智慧工具，课堂会更有趣、扎实，从而使学生的语文核心素养得到真正的建构。

第1节　研究缘起

一、语文新课程改革的要求

语文新课程改革明确提出，要把握信息时代新特点，积极利用新技术、新手段，建设开放、多样、有序的语文课程体系，使学生语文素养的发展能适应社会进步新形势的需要，在跨文化、跨媒介的语文实践中开阔视野，在更宽广的选择空间发展各自的语文特长和个性。阅读是语文学习的重要部分，阅读能力培养是语文教育的重要目标。阅读是具有一定语言基础和文化背景的个体将语言文字信息反映于大脑，并依据自身经验进行内化加工，转化为个体性认知、情感和价值活动的过程。[①] 在新课改的教学任务中，无论是真实情境设置，还是跨媒介阅读、整书阅读走向深入，都需要教师积极变革教学活动的任务与方式，在现代技术的支持下建构现代语文的新教学途径。

二、高效语文课堂的要求

高效课堂是“知识的超市，生命的狂欢”，要达到四大目标，即“学会、会学、乐学、创学”，立足学会，激发兴趣，培养能力，形成智慧。[②] 科学研究表明，人的记忆有 83% 来自视觉，11% 来自听觉，视听并用的学习效果达 79.4%，3 小时后记忆率保持 90%，3 天后为 75%。单纯通过视觉的学习，效果虽然会高达 83%，但 3 小时后的记忆率为 70%，3 天后的记忆率仅为 40%。由此可见，声、光、形、色有机统一的影视资源能让学生获得比单一刻板的传统教学更佳的记忆和学习效果。语文课要有趣，不是为了“有趣”而“有趣”，而是为了吸引学生，点燃学生学习的热情。

在学习任务繁重的高中阶段，在课堂上通过信息技术手段提高教学的效率应该成为语文课堂的选择。语文教师可以用技术手段营造真实情境，在情境中推动学生自主探究，使语文课堂“活色生香”“摇曳生姿”，提高学生解决真实生活情境中语文任务的能力。

三、学生发展的需要

阅读不是为了简单的认知、接受与记忆，而是为了反思、参与社会生活，是为了在现实社会活动中更好地生活。[③] 对于高中生而言，什么是真实

---

① 靖国平. 转识成智：智慧教育理论与实践探索[M]. 北京：科学出版社，2020：180.

② 吴中民. 构建高效课堂的理念与方法[M]. 长春：吉林大学出版社，2013.

③ 余闻婧. 中国学生的阅读素养弱在哪里：基于PISA 2015测试结果的分析[J]. 教育发展研究，2018（10）：51-59.

生活呢？当下，互联网已成为学生生活不可分割的部分，网络信息纷繁芜杂，学生正处于人生价值观、思维品质建构的关键期，如果不予以正确的引导，结果恐怕难以预料。在高中所有学科中，语文学科对于指导学生在生活中思辨、学习、建构价值观等有着不可推卸的责任。

英国学者尼尔·麦考认为，“（文本）不仅仅是书面作品（小说、诗歌、戏剧和非虚构散文），还包括电影、电视、视觉艺术和摄影”，影视文本也是学生需要阅读的文本，其实施具备必要性和可行性。[①] 下文将通过具体案例来分析教学实践中如何巧妙使用影视资源建构高效语文课堂。

第 2 节　语文课堂中影视资源的选择与应用

叶圣陶先生说，写作就是说话，为了生活上的种种需要，把自己要说的话说出来。写作不仅仅是为了眼前的考试，更是未来生活的需要。在经典阅读之外，写作训练的方式还可以是鉴赏优秀的影视资源，引导学生开展一段愉悦的作文之旅。

一、影视资源的类别

（一）激发兴趣型视频

该类视频可以作为情境导入，激发学生学习语文的兴趣。例如，2019 年五四青年节期间两大热门短视频公司——哔哩哔哩和快手，面向广大网民推出了两则优秀的宣传短视频《后浪》和《看见》。视频的内容是学生熟悉的或欣赏的青年的生活，分别配上极具煽动力的文案，如《后浪》的“你们正在把传统的，变成现代的；把经典的，变成流行的；把学术的，变成大众的”“弱小的人，才习惯嘲讽与否定；内心强大的人，从不吝啬赞美与鼓励”，《看见》

---

① 麦考.如何阅读不同的文本：学生阅读的方法与技巧指南[M].苏新连，译.北京：商务印书馆，2017.

的“我们是世间的尘埃，却是自己的英雄；不要冷漠地走入普通人，每个人都在追求自己的幸福；痛苦的人，总是携带傲慢与偏见，幸福的人，总是多一分宽容与慈悲”。文案内容简洁而深刻，打动读者内心，适合作为好词好句，或者作文课前的导入，引起学生的兴趣，激发写作的欲望。需注意的是，该类视频并不适用于作文整体框架的写作指导。

（二）积累素材型视频

新鲜的素材在网上的视频传播往往比文字传播来得更迅速、更全面。如《感动中国》极具现实意义，人物富有正能量，能丰富学生的作文素材积累，颁奖词对人物精神的精准把握，更是学生摘录的极佳素材。“感动中国 2019 年度人物”樊锦诗先生的视频内容极为丰富——从人生选择到专业钻研，从诗和远方到赤子之心，从生活的佛系到初心不忘，从青春的意义到人生的取舍，从文化坚守到文化创新，等等；又如杜富国的视频内容，可以从青年的国家责任、青春的意义等角度解读。这些视频可以指导学生从各个角度解读一个人物事件，使所积累的高考作文素材更为丰厚而深刻。

二、影视资源的标准

以上两种视频都只能作为片段式的作文好词好句或者好的论据来积累，而无法构成完整的写作指导。因此，用于学生写作指导的完整视频素材的甄选尤为重要，从内容、逻辑到细节、文字数量等，都要尽量贴合高考作文的要求。笔者认为，《中央广播电视总台 2019 主持人大赛》（下文简称《主持人大赛》）能有效指导学生写作，其素材价值体现为高质、简短、实在。

（一）高质

中央电视台的《主持人大赛》体现了其对高品质一如既往的追求，受到广泛好评。参赛选手都是各地方电视台的优秀青年主持人，因此节目竞选也被网友誉为“神仙打架”。而网友盛赞为“满分作文”的选手主持文案，从结构、内容到辞藻都给学生写作提供了示范。点评专家是中央电视台最具有代表性的综艺节目主持人董卿和新闻主播康辉，其点评一针见血，金句频出，比如“文章最重要的是立意，驭文之首术，谋篇之大端”“枪响之后，没有赢家”等。

（二）简短

视频文本包括3分钟的自我展示、90秒的即兴考核、210秒的辩论等，时长有限，文字量和学生的800字作文差不多。这样，课堂上就不会出现视频时间超过文本解读时间和练习时间的情况，避免了语文课变成“影视欣赏课”、“语文味”被剥夺。

（三）实在

从比赛题目、文案到点评等，对学生作文练习而言，都是满满的干货。比赛的题目源于我们所熟悉的生活，真真切切，并不高远，因而能唤起学生的共鸣与思考；同时，选手观点与学生认知产生的差异性，可以有效激起学生思维的火花。近几年，高考语文作文要求就是基于真实情境的问题解决能力，如2020年山东新高考卷作文题“疫情中的距离与联系”，让学生谈谈基于当下生活的思考。选手的比赛内容涵盖演讲、时评、辩论等，这些都是2020年各地高考作文题的热门体裁，如2019年广东高考作文是完成题为“热爱劳动，从我做起”的演讲稿。因此，有效利用《主持人大赛》的视频文本，可以更好地激发学生对写作的兴趣，在鉴赏、反思、创作中提升自己的作文水平，提升高考作文复习的效率。

三、影视资源的应用原则

语文课毕竟不是电影欣赏课，不仅课堂时间有限，而且语文核心素养建构的任务重，使用影视资料应该坚持适度、适合的原则。

（一）适度

影视资源是语文课堂营造真实情境和任务活动的工具，目的是拉近学生与真实生活的距离，提高学生的阅读能力与表达能力，如果在课堂中占用过多的时间，则本末倒置，得不偿失。

（二）适合

影视资源有利于学生形象思维的拓展和理性思维的深入。教师要学会甄别，应该选择与课文有关的片段，既要让学生喜欢，又不能仅仅止于喜欢；将视频鉴赏与写作、阅读相结合，形式可以多样，但必须符合学生的需要和课堂教学的需要。

第 3 节　基于《主持人大赛》的时评写作课堂教学实践

一、教学实践 1.0 版

《主持人大赛》的视频文本包括演讲词、辩论词等，笔者的课堂实践的重要任务是让学生通过观看视频学习时事评论写作的技巧。为此，笔者选择的素材是第一期的选手邹韵、付琰的 3 分钟自我展示和 90 秒即兴考核。

（一）选择理由

邹韵是新闻类主持选手中的第一名，其时评逻辑严谨，语言简洁，视域宽广，观点有深度，是本堂课学生学习的重要对象。付琰是紧随邹韵出现的选手，邹韵晋级，而付琰淘汰。笔者希望学生能对两位选手的演讲文案进行对比分析，从中学习正确的时评写作技巧。

（二）操作过程

课堂开始，按照原始节目的顺序直接播放了视频，邹韵 3 分钟演讲和 90 秒评述，紧跟付琰的 3 分钟演讲和 90 秒评述。播放结束，教师提出问题：

“这两个选手，你们喜欢哪一个？为什么？”学生作回答。

（三）学习反馈

第一次实践的班级情况：A班级是“物地技”组合，作文平均分在38分左右。视频的运用在该班级得到的反馈如下。

1. 视频播放中的学生反应

从微表情看，18%的同学伴随交谈、跷二郎腿等动作。82%的同学在看视频的过程中很欢乐，为视频所吸引；但这种欢乐是浅层次的，学生表现出的是“有视频可以看”的简单激动。从表情看，学生并没有对两位选手的视频呈现出太多不同表情。

2. 视频播放后的学生反应

视频结束，教师提出问题：“这两个选手，你们喜欢哪一个？为什么？”学生突然安静，被点名的同学的回答分两种。第一种是回答比较模糊。如有同学回答：“我觉得邹韵更好。”教师追问：“好在哪里？能具体点说吗？”同学回答：“邹韵的文稿比较高大上。”教师追问：“哪里能体现这种高大上？”同学回答“因为国际化”，“具体的我忘了”。第二种是能说出一些较为细节的部分。如有同学回答：“她的观点很清晰。”教师追问：“什么观点？还有印象吗？”学生回答：“‘本分和情分’那句。”教师追问：“她的文案对你写作有什么启发？”学生回答“句子要有亮点，要会总结”，“要有高远的视野”。这两种回答，模糊了自我展示和时评的界限，对相关视频只剩下模糊的记忆。

（四）失败原因分析

高中写作课堂实践利用《主持人大赛》视频资源，除了创设真实的生活情境、拉近学生与生活的距离，创设文学情境、拉近学生与写作的距离之外，无论是对视频文本的解读，还是对写作课的推动，效果都微乎其微。原因分析如下。

1. 从记忆特征的角度分析

记忆受前摄抑制和后摄抑制的影响，在对无意义材料的识记过程中，前摄抑制容易造成对第一则材料的遗忘。另外，视频资料是视觉记忆，心理学认为，在一组视觉刺激之后紧跟着出现另一组视觉刺激，能够有效覆盖第一组刺激，并且破坏掉对其中字母的记忆。在课堂中，邹韵的演讲和时评是教师希望学生重点学习的，但是受记忆的前摄抑制和视觉记忆的影响，学生对其优点的记忆没有停顿的时间和做笔记的时间，学生的短时记忆又很容易遗忘，以至于影响了最后的分析评价。

2. 从视频资源效度的角度分析

先从视频剪辑的角度来分析。两位选手的视频素材都具有较高的价值，共4段内容（自我展示和即兴考核各2段，中间还有简短的点评和打分环节），但是，好的不一定就是对的，也不一定匹配课堂教学的任务。该堂作文课的主要任务是指导学生学会时评的写作，那么在视频中占了较多时长的演讲是否有必要出现？其对本课的主要任务——时评的写作的推进是否有帮助？在该课中，教师没有剪辑视频导致视频的作用大打折扣。

再从视频对比性鉴赏的角度来分析。对比阅读的目的应当是从不同维度给予学生思考的空间，从而使其思维更加深广。显然，教师希望通过文案的对比阅读，让学生更为明显地感知时评应该具备的要素，但是在视频资源中，邹韵呈现的是图片新闻的时事点评，付琰呈现的是“家乡的歌声”话题写作，并不是时评，两者之间不具备对比性。

3. 从问题任务的角度分析

无论是欣赏视频还是鉴赏文本，若没有较为具体的问题任务的刺激，学生即便能获得内心最真诚、最原始的认知，也无法完成课堂教学的重要任务。问题基于情境、源于情境，用于任务推动，因而是学生观看视频文本的重要抓手，是把握课堂重难点的有效切入口。用视频创设情境是为了推动写作任务的完成，如果没有带着问题看视频，学生可能会被其他与写作任务无关的内容吸引，反而忽略了教师真正希望学生掌握的内容。

总而言之，在课堂上利用视频资源所要完成的任务是真实情境的创设，而真实情境必须体现语文课堂的本质，服务于语言的建构、思维的发展，服务于语文课的听说读写。如果做不到这一点，视频资源的效度将止步于“热闹”。

（五）针对性修正

1. 剪辑视频

第一，删选。视觉记忆具有短暂性，在写作课中教师要想引导学生从视频演讲的细节处获得写作的启示而非大致模糊的印象，就要对视频进行删选。课堂任务是时评写作，那么只能舍弃 3 分钟的自我展示，并将付琰的视频更换为新闻类选手王宇彤的 90 秒图片评论。这样，两段视频都是新闻类、图片评论，各有特点，具有对比的可行性。

第二，调序。将对学生具有启发性的重要时评放在后面播放，即把邹韵的作品放在王宇彤的作品后面。

第三，停顿。《主持人大赛》专家的点评一针见血、简洁明了，评价中肯，直接播放会让学生被动接受，错失了思考的机会。点评前，教师按暂停键，目的是让学生的思维能更为顺畅。让学生通过独立的思考形成评价，比直接播放专家点评更能推动学生的思维从形象到逻辑的深入。

2. 问题先行

根据本堂课的重难点，以及所要达成的语文素养建构目标，围绕语言表达能力、思维能力的培养设置问题。学生鉴赏的是视频文本而不是书面文本，如果问题过于琐碎，学生可能难以把握。所以，精准把握课堂中最想让学生解决的问题，让学生带着问题看视频文本，在观看中推动问题解决。比如，比较问题一“说出某视频的两个优点或缺点”和问题二“以评委的身份给两位选手的时评打分，并说明理由”，可以发现：

问题一“说出某视频的两个优点或缺点”特点是：指向明确，“某视频”是针对某个视频，明确答题范围；答题方向明确，指出优点或缺点；答题规范明确，说出两个即可——为什么是两点？高考语言运用的评论题往往是要求列出两点及以上，两点能给学生以思维的空间可能性。

问题二“以评委的身份给两位选手的时评打分，并说明理由”特点是：任务要求更高，是评价两位选手，要打分，要说明理由；理由的范畴更大，没有指明是优点还是缺点，是从结构、主旨方面切入还是用语方面切入，指向较为模糊；以评委的身份打分，更富有情境性，可以增加学生的兴趣。

综上，教师设置的问题要能激起学生的兴趣，容易记住，同时必须指向清晰、要求具体。

二、教学实践 2.0 版

课堂操作实践流程见图 6-1。

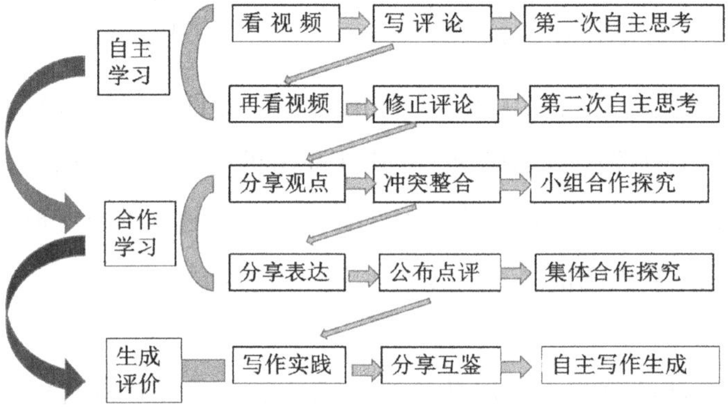

图 6-1　2.0 版本的课堂操作实践流程

（一）课堂实践

导入：同学们，今天的作文课我们要完成的任务是时事评论的写作，怎样才是好的时事评论呢？首先，让我们通过一组视频看两名优秀主持人的“神仙打架”。在看视频的过程中，我们要完成一个任务——以评委的身份点评这两则新闻时评，各说出两个优点或缺点。

1. 任务一：通过视频学习优秀的时评怎样写

（1）看

先播放新闻类的3号选手王宇彤的90秒时评（《退伍老兵追赶国旗亲吻国旗》），再播放新闻类2号选手邹韵的90秒时评（《老人胸前亮灯“无须让座”》），去掉评委的点评，两则时评的时间4分钟左右。

（2）写

让学生先凭印象在草稿纸上围绕问题简要写下自己对两名选手的文案优缺点的认知。

（3）看第二遍

因为视频时间较短，再次播放并不会影响课堂的推进，反而会让学生在重复的观看中审视自己的感受，修正自己的观点。

（4）分享

结束之后，每个同学模仿评委给两名选手的作品打分，小组内分享自己的观点。小组分享中，学生发言很积极，因为有两则视频，且此时并没有公布两名选手的分数，所以哪一位选手表现更好在同学间出现争议。有争议，表明学生思维碰撞出了火花。同时，教师在黑板上划出两片区域，一边是针对邹韵的点评，一边是针对王宇彤的点评。

（5）点评（表达）

在小组分享、合作结束之后，让同学自主到相应区域写下点评，这是思维的直观呈现，是学生智慧的结晶。对于邹韵的时评，学生认为“有打动人心的名言警句：老人给我们让座是情分，我们年轻人给老人让座是本分”“逻辑清晰，过渡自然”“从新闻本身出发，走向深度，引导向真向善向美的正能量”……对于王宇彤的时评，学生认为“读（材料）多，评论少”“亲吻国旗的细节抓得很好，很感动”“逻辑没那么清晰”“观点不深刻”……（课后有学生偷偷说，“如果没有邹韵的时评做比较，其实王宇彤的时评也还不错”。这就体现了视频对比的优势）通过小组的分享讨论，学生对时评的思考维度更加全面，表达观点时更加严谨。

此时，再播放专家点评，让学生对照自己的点评观看，不少同学很开心："老师，专家说的跟我差不多嘛！"

（6）公布打分的视频

总之，优秀的时评应该具备如下特质：观点明确，观点的表达是简要、清晰的；针对时事，始终围绕时事展开讨论；有深度，评论不局限于时事本身，不浮于表面，而是从事件的本质、影响等角度进行深入探讨，但不作牵强的解读；层次清晰，逻辑严谨，有条理，过渡自然；议论部分的语言简洁明了，描写部分的语言准确动人。

2. 任务二：基于真实情境的时评写作

（1）学以致用

选择《主持人大赛》第二期的新闻类 6 号选手白影抽中的评论题目，用多媒体展现图片新闻（新疆消防员脱下的手套雨靴冻立在地上），让学生自己写评论，300 字左右。完成时间为 5 分钟左右。

（2）分享互鉴

同学分享，推荐优秀作品，通过智能课堂助手，将学生的作品拍照共享，让学生点评，发现不同作品的优秀可取之处。

（3）视频欣赏

播放白影的 90 秒时评，学习优秀主持人的评论特色。

（二）反思

在修正后的 2.0 版本中，学生的时评鉴赏能力及写作能力都明显提高。带着问题，学生观看视频时更加专注，开展的讨论更为热烈；循着"看、写、看第二遍、分享、呈现、总结"的流程，通过反复的有效刺激，学生的视觉记忆更加巩固，在对比、碰撞中形成起较为立体的写作经验。后期如果有条件，可以尝试"实践 3.0 版"：模仿《主持人大赛》，在班级内部组织一场时事评论方面的微视频比赛，学生以小组为单位，分工合作，定主题、找时事、配图片、配音乐、配文案，用手机摄制，剪辑成微视频。

三、语文课堂中影视资源的拓展

用影视资料创设高效的语文课堂，这一路径也适用于阅读课。

在阅读进行中，教师可以利用影视资料引导学生进行跨媒介阅读，设计课文文本和影视剧本的比较阅读。例如，《林黛玉进贾府》课文文本和电视脚本的比较，《雷雨》话剧脚本和电影、话剧片段的比较，《平凡的世界》课文文本和电视选段的比较……学生在这个过程中能充分感受经典的魅力以及不同时代的审美观，熟悉不同媒介文本的表达方式。

在阅读结束后，可以让学生将文本转化为视频作品。学生自己做总导演，改编课本中的经典段落，写自己的生活剧本，在改编中学会跨媒介写作方法。例如，在学校拍摄主题为“秋日絮语”的微视频，学生可以参考学过的课文（如《我与地坛》《故都的秋》等）或经典的文本，在意象、画面的选择和配音旁白中，重新呈现文本辞藻之优美、情感之真切。

结　语

读图时代、视频时代的来临，让大众文化越来越成为我们所观看的对象，而不是我们所置身其间的场域，媒介变迁正逐步改变着年轻一代的阅读习惯和思维习惯，挑战并冲击着语文学科教学。巧用影视资料，创设具体真实而有意义的情境，推进语文课堂学习任务，如此，语文知识真正成为“活”的知识，语文核心素养的提升才能落地。

第7章 动态化语文智慧课堂设计

本章基于动态化的特征，探讨动态化的课堂任务设计、动态化的互动合作、动态化的课堂展示反馈、动态化的学情分析等观点，深入建构具有“互联网 +”特色的语文智慧课堂。

第 1 节　研究缘起

智慧课堂、智慧学习是当前教育信息化研究新的热点。它的流行体现了在“互联网 +”时代，学校教育信息化发展从理念到实践、从宏观到具体、从架构到落实的客观趋势。“互联网 +”时代，语文学习变“知识化”为“智慧化”，将传统线性知识学习变为信息化时代的泛在知识学习；将语文阅读学习目标由传统的获得知识转变为使学生在知识学习的同时，能力得到提升；将学习的过程变成学生通过教师的帮助和引导，经过一系列探究活动完成学习任务，最终在完成学习活动中生成智慧的过程。①

语文课堂和其他学科比起来，课堂内容的选择更加灵活，课堂学习的方式更为多样，课内课外的延伸更加重要，更需要及时把握学情，呈现出动态化的特征。本章立足于最新的智慧课堂系统，基于动态化特征，在课堂任务

① 庞敬文，李施，唐烨伟，等.“互联网+”时代基于智慧生成的语文阅读学习研究[J].电化教育研究，2018（8）：103-108.

设计、互动合作、课堂展示反馈、学情分析等方面，对具有“互联网+”特色的语文智慧课堂进行一定的研究。

第2节　动态化的课堂任务设计

一、课堂前的动态化任务设计

智慧课堂和传统课堂相比，在课堂任务设计上更加动态化。这体现在课堂任务的设计是由之前的动态预习产生的。比如，在《念奴娇·赤壁怀古》的课堂教学中，在让学生预习的过程中，设置了如下环节：

（1）学生预习本首词，借助工具书疏通词义。

（2）学生提出自己在词作理解上遇到的问题，并上传到活动空间。

（3）学生利用移动终端在空间内互相作答，教师点评修改，并收集学生疑难最多的问题。

（4）教师整合信息，形成本堂课的教学任务设计。

在这一课的教学实践中，利用智慧课堂平台增强了学生之间、师生之间的互动性，在整个课堂的任务设计上充分考虑学生的实际情况，解决了学生真正需要解决的问题，使得整个课堂有的放矢，目标性和针对性更强。

二、课堂中的动态化任务设计

在教学过程中，由于学生的在线参与和互动行为更多，智慧课堂很容易生成新的需要解决的问题，因此，教学任务设计呈现出动态化的生成过程，教师需要及时调整任务设计方案，解决学生不时产生的新问题。

在培养学生思辨能力的新闻评论课堂上，为了更好地提升学生思维能力，让学生在语言的交锋中形成对新闻真相的逆向思维，教师进行了如下的教学实践：

（1）将课堂分成不同的辩论小组，每一小组推选一名发言人。

（2）发言人先通过智慧课堂系统，将自己的新闻材料以及评论课件推送到每个同学的移动终端，再阐述自己对新闻事件真相的评价。

（3）小组其他成员通过整合之前上传到智慧课堂系统的课件资料，对其提供帮助和进行补充。

（4）班级其他小组成员通过智慧课堂平台评析阐述的材料和评论内容到底对不对，到底是不是新闻事件的真相。

（5）学生讨论，教师充当主持人，引导学生相互交流探究，允许学生有不同的观点，言之成理即可；教师收集学生在平台交流中疑难最多的问题，进行共同研讨。

在这一教学实践过程中，利用智慧课堂资料，各个小组进行了互动交流的探讨。以下是学生在交流研讨中产生的新问题：

（1）新闻事件报道的暗示性到底体现在什么地方？（这条新闻到底应该暗示急诊室患者衣物处理流程的完善，还是暗示患者“恩将仇报”？）

（2）新闻事件报道的细节有哪些不一样？（在新闻材料中，家属要求赔偿的到底是患者的衣服还是其他的物品？有没有注意到这一细节？）

（3）你是如何看待新闻事件中的网络舆论，网络舆论代表着真相吗？（这一新闻事件发生后，网上产生了立场截然不同的舆论，到底该怎样透过网络舆论看清楚新闻事件的真相？）

总之，本次在实时课堂上动态化生成的教学设计实践，充分尊重了学生的主体性，让学生发出的智慧光芒能够得到更充分的肯定，这对于培养学生的语文能力具有较大的作用。

第 3 节　动态化的互动合作探究

一、动态化的小组互助学习

智慧课堂和传统课堂相比，在小组互助学习上有着更多的优势，呈现出动态化的特征。比如，在《念奴娇·赤壁怀古》的课堂教学中，教师设置了如下小组互助学习环节：

（1）将“词中所体现的苏轼情感是积极的还是消极的”这一问题投送到智慧课堂班级空间，学生在线回答。

（2）学生的回答各种各样，但还是有一定的相近性的。平台根据学生回答的情况，按照相近性的原则将班级学生成员分成不同的小组。

（3）各个小组成员在班级空间内上传能证明自己观点的课件和材料，进行小组研讨与交流。比如，有同学上传了余秋雨的《苏东坡突围》等文章。

（4）每一小组推选一名辩手，其他同学通过整合之前上传到智慧学习系统的课件资料，对其进行实时的帮助和补充。

（5）学生小组辩论，教师充当主持人，引导学生相互交流探究，允许学生有不同的观点，言之成理即可。

（6）教师总结学生的观点，同时提出自己的看法。

在以上小组互助学习实践中，首先，在小组成员的划分和组成上是动态的。按照学生自己实时回答的观点，以相近性的原则划分成不同的小组，充分尊重了学生的主体地位，有利于培养学生独立思考的能力。其次，小组成员的交流和互动是动态的。各个小组成员对自己小组的辩手实时进行帮助和补充，必要时还可以有二辩、三辩，充分培养了学生的思辨能力和团队精神。最后，在学生小组具体辩论的过程中，教师引导学生在小组之间展开交流探究，允许学生有不同的观点，这一过程充分培养了学生的独立思考能力。

二、动态化的师生互动

智慧课堂在师生互动上也呈现出了动态化的特点。比如，在文言文断句的复习课堂上，按照以往上课方法，教师让学生看黑板，然后不厌其烦地按照知识点进行讲解，或者请学生发言，“一来一去，好不热闹”。然而，这样的做法可能无法实现实时的互动，热闹的背后却是学困生的迷茫无助、优等生的百般无聊。因此，教师设计了如下师生互动环节：

（1）教师通过智慧课堂平台，将7篇课文中的文言句子推送到学生的移动终端上。

（2）学生用触屏笔完成断句，完成后在终端上找出断句的依据或句子的特征，把总结的断句技巧上传到智慧课堂平台上。

（3）学生在智慧课堂平台上进行讨论和点赞，教师即时在线评析学生的回答。

（4）教师通过移动终端选取点赞较多的、有代表性的学生答案，在终端上解说和展示，说一说是如何总结出这一技巧的。

（5）教师对学生的总结进行适当补充，有重点地讲解学生在回答过程中最为疑惑的问题，用平台展示相关知识，突出教学重点。

这堂课通过智慧课堂系统，较好地动态生成了师生互动活跃的课堂教学。首先，在学生进行讨论和点赞之后，教师能够在线对学生的回答进行即时的评析，充分体现了智慧课堂师生互动的即时性与动态性。其次，教师课堂重点讲解的问题来自学生之前的在线回答，是动态生成的问题，在师生互动中真正解决了学生最迫切需要回答的问题。

第 4 节　动态化的课堂展示反馈

一、动态化的拍照上传展示

智慧课堂系统和传统课堂相比，在课堂展示反馈上有着较大的优势，呈现出动态化的特征。比如，在讲解《清兵卫与葫芦》一文时，教师设计了如下教学环节：

（1）教师通过智慧课堂系统，将“摇摆”的相关概念和补充材料推送到学生的移动终端上。

（2）学生通过移动终端学习有关摇摆的知识，将自己在学习过程中遇到的问题提出来，同学可以互相进行解答和评析。

（3）教师针对学生在互相解答和评析后仍然存疑的问题，组织学生共同探讨。

（4）教师在纸上画出《清兵卫与葫芦》一文的情节摇摆图，并推送到学生的移动终端上。

（5）学生在纸上画出《清兵卫与葫芦》一文的情节摇摆图，上传到平台，同学之间可以先进行互相评析。

（6）教师选择学生在评析中认为最好的情节摇摆图，推送到每个学生的移动终端上，引导学生品味《清兵卫与葫芦》一文中情节摇摆的艺术。

（7）在教师分析过程中，其他同学也可以实时地利用移动终端，阐述个人观点和看法。

在课堂教学中，教师通过智慧课堂系统使学生明确了活动的任务，学生之间的互评充分体现了智慧课堂展示反馈系统的动态化。同时，在教师利用情节摇摆图引导学生品味情节摇摆的艺术的时候，其他同学也可以阐发个人观点和看法，这也充分体现了智慧课堂展示反馈系统中学生的动态参与性。

通过这些环节，学生在实时的操作体验中较好地掌握了摇摆的概念，明确了文中情节摇摆的艺术，在动态化的学习过程中打造了一个高效的课堂。

二、动态化的微课展示

智慧课堂系统有一项“即时录课”功能，能将课堂活动过程录播下来进行保存，课堂上和课后可以随时观看。和传统课堂相比，这项功能在教师的动态教学和学生的动态学习中均显示出了巨大的优势。比如，《念奴娇·赤壁怀古》的微课展示环节如下：

（1）通过多媒体手段在移动终端上播放配乐朗诵，学生感受其雄浑和波澜壮阔的气势。

（2）学生在初步感知的基础上，通过终端上的智慧课堂系统进行模拟诵读，教师进行一定的指导，要求尽量读出豪放大气之感。

（3）教师打开智慧课堂系统中的录课功能，录播学生诵读的实时情况。

（4）师生在移动终端上共同观看诵读视频，可以对视频进行快进、后退、停止等操作，其他同学可以即时评析，教师再进行总结。

（5）师生从诵读视频和学生评析中归纳这类豪放词的诵读技巧，以文字形式投送到移动终端上，师生再次共同探讨。

在本课堂的教学实践中，教师利用智慧课堂系统的录课功能，播放录制好的学生诵读视频，师生在此期间再次评析和探讨。和传统课堂上学生的单纯诵读相比，这种方法可以让教学有更为具体的抓手。同时，视频的快进、后退等操作，能够让师生更加细致入微地分析和把握诵读过程，这也让整个课堂实现了动态的生成性，对于学生的诗词学习有着巨大帮助。

又如，在培养学生思辨能力的新闻评论课堂上，为了让学生能够在课后整体回顾整个课堂，教师设计了如下环节：

（1）通过智慧课堂系统，将班级成员分为不同的课堂辩论小组。同时，教师开启智慧课堂的录课功能。

（2）各个小组推选一名组长，其他同学通过搜集课件和资料进行协助，教师充当主持人进行引导，师生之间共同完成课堂辩论活动。

（3）教师搜集学生在平台交流中疑难最多的问题并发起探讨，让学生在探讨过程中获得辨别新闻事件真相的方法。

（4）师生共同梳理所掌握的辨别新闻真相的方法，推送到移动终端上，供学生借鉴与学习。

（5）教师完成智慧课堂的录课，上传到智慧课堂班级空间中。

（6）学生在课后可以打开录制好的课堂视频，从中寻找自己的薄弱之处，有针对性地改进，真正掌握所学的知识点。

这堂新闻评论课重在培养学生的思辨能力。教师利用智慧课堂平台组织学生进行实时探讨和辩论，总结在网络社会中获取新闻真相的方法。利用智慧课堂录课功能将整堂课录下来，让学生能够在课后重温课堂，回味课堂上言语的交锋和思维的碰撞，这充分体现了微课展示功能的动态性，对学生思辨能力的培养有积极的作用。

第 5 节　动态化的学情分析

一、动态化的调查问卷

和传统课堂相比，智慧课堂在学情分析上有着较大优势。传统课堂的学情分析，往往是教师凭感觉判断，抽取学生询问，或者通过纸质调查问卷获得反馈。这样的学情分析缺乏科学性和严谨性，智慧课堂的学情分析则不一样，它能具体细致地把握学生的学习情况。比如，在整本书阅读的教学中，教师设计了如下环节：

（1）教师在智慧课堂平台上发布调查问卷，发布第一个层次的问题，了解学生的阅读需求。（设置了“最希望读哪一本名著”等调查问题）

（2）学生课后在智慧课堂平台上填写问卷，教师根据平台统计信息，可以获知学生最希望阅读的名著，再发布第二个层次的问题，了解学生阅读该书的情况。（设置了“这本书有没有阅读过”“这本书阅读过几遍”“你最喜欢书中的哪个人物”等调查问题）

（3）针对阅读过该名著的学生，教师发布第三个层次的问题，了解学生在阅读中遇到的问题。（设置了“阅读此书时你存在哪些问题”“最希望解决哪一个问题”等调查问题）

（4）同学之间可以先对问题进行解答和评析，教师根据学生存在的问题，结合教材和课标等确定本课的教学任务和重难点。

在以上教学实践中，教师针对学生的阅读情况，在平台中发布了不同层次的问题，通过逐层逐级问题的深入，教师对学生的整本书阅读水平有了具体准确的了解。和传统课堂相比，智慧课堂的学情分析方式更具有针对性，使得整个学情分析的过程呈现出动态化的特点。同时，学生之间的问题互评，使得问题发现和解决的过程更加灵活，更好地反映学生的真实水平。

二、动态化的数据分析

智慧课堂在数据的分析上具有较大的优势，它不仅可以帮助教师对某一次调查的情况形成整体把握，同时也可以存储历次数据，使教师能通过数据变化了解学生情况。比如，在语文字词复习的智慧课堂上，教师进行了如下教学实践：

（1）教师将字词预习题目发布于智慧课堂平台，学生先在平台上作答。

（2）平台根据学生的回答情况和教师设定的答案进行分析，统计出学生字词掌握上的薄弱点。

（3）平台对本次作答情况和历次作答情况进行对比分析，统计出学生字词掌握上的“增量”和“减量”。

（4）教师根据平台统计出的薄弱点和“增量”“减量”，确定学生字词复习教学的重点和难点。

在以上的教学实践中，教师针对学生的字词掌握情况，先设计预习题目，通过平台对学生预习题目回答情况的分析，统计出了学生字词掌握上的薄弱点。这就充分尊重了学情，了解了学生在这一块内容上的真正薄弱之处。同时，智慧课堂系统能够将每次的作答情况记录下来，对比分析之前的回答，这就有助于教师较好地了解学生在这一块内容的学习上的变化过程，及时作出调整，使得整个教学呈现出动态化的特点。

结　语

动态化的课堂给语文教学带来了诸多便利，同时也提出了诸多挑战。为此，语文教师要积极提升自己，深入探索，勇于创新，用实际行动为学生的核心素养提升做出应有的贡献。

第8章 巧用学科软件提升数学素养

"通过高中数学课程的学习，学生能提升数形结合的能力，发展几何直观和空间想象能力；增强运用几何直观和空间想象思考问题的意识；形成数学直观，在具体的情境中感悟事物的本质。"① 学科软件在此过程中有助于进一步提升学生的数学核心素养。本章以空间动态角的大小关系教学为例，展示教师如何巧用学科软件提升学生的数学素养。

第1节 研究缘起

常用的数学学科软件有几何画板、图形计算器、Cabri 3D、GeoGebra 5.0 等，这里借助软件 GeoGebra 5.0 来辅助教学。作为一款"专为教与学的动态数学软件"，GeoGebra 实现了"形"（几何，geometry）与"数"（代数，algebra）的完美融合，代数运算系统（CAS）的完美嵌入为数学探究提供无限可能，指令输入和工具构造让动态演示过程更加生动，多模块区域间的关联互动保证高中数学内容的全面覆盖。GeoGebra 提供了"多元联系表征"的学习环境，可以将抽象的数学知识直观化，使数学的关联性变得可见甚至可操作，从而能深入学科内部，帮助学习者洞悉数学本质；它能构建"抽象的数"与"可见的形"之

① 中华人民共和国教育部. 普通高中数学课程标准（2017年版2020年修订）[S]. 北京：人民教育出版社，2020.

间的联系通道，帮助学生超越表层知识符号的学习，进入知识内在的逻辑形式和意义领域，体现“数学是清楚的、自然的、水到渠成的”；它能突破数学“难以意会，无法言传”的障碍，实现以思维的分析带动具体知识和技能的学习，真正做到“教懂、教活、教深”；它操作简单、即学即用，能提高学生学习的积极性和参与度，从而真正促进学习方式的变革。①

第 2 节　教学设计：空间动态角的大小关系

一、环节一：探究基本思想方法

教师：给出例题 1。

例 1　已知四棱锥 S-$ABCD$ 的底面是正方形，侧棱长均相等，E 是线段 AB 上的点（不含端点），设 SE 与 BC 所成的角为 θ_1，SE 与平面 $ABCD$ 所成的角为 θ_2，二面角 S-AB-C 的平面角为 θ_3，则（　　）

A. $\theta_1 \leqslant \theta_2 \leqslant \theta_3$　　　B. $\theta_3 \leqslant \theta_2 \leqslant \theta_1$

C. $\theta_1 \leqslant \theta_3 \leqslant \theta_2$　　　D. $\theta_2 \leqslant \theta_3 \leqslant \theta_1$

师生活动：学生思考问题，并尝试求解；教师观察学生。

教师提问：能否在图形中找到这三个角？

师生活动：根据题意，作正四棱锥 S-$ABCD$，在线段 AB 上任取一点 E。设 AC 与 BD 交于点 O，则 $SO\perp$ 平面 $ABCD$。作线段 $GE//BC$，且 $GE=\frac{1}{2}BC$，则 SE 与 BC 所成角 θ_1 的大小等于 $\angle SEG$。因为 $SO\perp$ 平面 $ABCD$，SE 与平面 $ABCD$ 所成角 θ_2 就是 $\angle SEO$；取棱 AB 的中点 F，显然 $SF\perp AB$，且 $OF\perp AB$，则二面角 S-AB-C 的平面角 θ_3 的大小等于 $\angle SEO$，如图 8–1。

教师提问：如何比较三个角的大小呢？

---

① 罗建宇. 从融合到创新：基于GeoGebra的数学深度教学[J]. 数学通报，2020（2）：23-26.

学生活动：学生自主探究、思考并作答。

学生反馈：有个别学生可以说出用三角函数值进行大小比较。大部分学生不知道解题方法也没有解题思路。

教师：$\because \sin\theta_1=\frac{SG}{SE}$，$\sin\theta_2=\frac{SO}{SE}$，$\sin\theta_3=\frac{SO}{SF}$，而 $SG \geqslant SO$，$\therefore \sin\theta_1 \geqslant \sin\theta_2$，即 $\theta_1 \geqslant \theta_2$；$SE \geqslant SF$，所以 $\sin\theta_3 \geqslant \sin\theta_2$，即 $\theta_3 \geqslant \theta_2$。

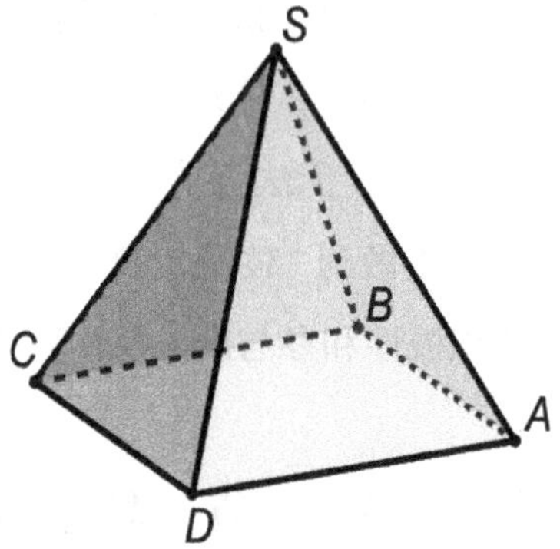

图 8–1

教师提问：为什么三个正弦值可以这么表示？能否表述完整？

学生活动：因为 $\angle SEG$、$\angle SEO$ 和 $\angle SFO$ 所在的三角形分别为 ΔSEG、ΔSEO 和 ΔSFO，且均为直角三角形。

教师提问：那么 θ_1 与 θ_3 的大小关系呢？

学生活动：因为 $\cos\theta_1=\frac{GE}{SE}$，$\cos\theta_3=\frac{OF}{SF}$，其中 $GE=OF$，所以 $\cos\theta_3 \geqslant \cos\theta_1$，即 $\theta_1 \geqslant \theta_3$。

教师：因为 θ_1 与 θ_2 有公共边 SE，θ_2 与 θ_3 有公共边 SO，同学们把角的大小转化为其同名三角函数值的大小，两两比较，最终得到了 $\theta_2 \leqslant \theta_3 \leqslant \theta_1$，故选 D。

教师点评：将角的大小比较转化为三角函数值的大小比较后，答案就呼之欲出了。而其中的关键点就在于能否正确做出上述三个角。

学生反馈：①空间角中线面角和二面角的平面角比较难找；② θ_1 与 θ_3 的联系点较难找。

设计意图：通过例 1 的空间动态角的常用解法，并借助软件 GeoGebra 5.0 直观展现图形动态变化过程中角的大小变化过程，从而引出最大角定理及最小角定理，进而加深学生对空间角的概念的理解。

二、环节二：技术辅助，感受图形变化

教师展示：现在我们用软件 GeoGebra 5.0 来辅助解题，直观感受三个角的大小变化及其联系。

第一步：建立模型。

在 3D 区域根据题意，在空间直角坐标轴上分别取以下五点 A（3,0,0）、B（0,3,0）、C（−3,0,0）、D（0,−3,0）、S（0,0,4），然后将各端点连接成线段，最后点击各点产生各个平面，从而得到正四棱锥 $S\text{-}ABCD$。

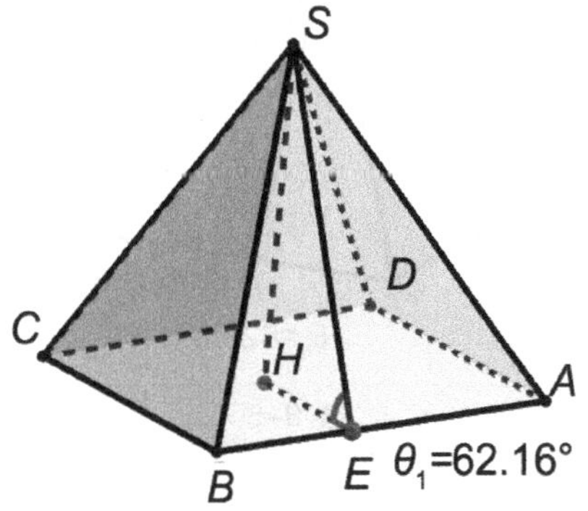

图 8-2

第二步：根据异面直线所成角、线面角和二面角的定义，在图中分别做出角 θ_1、θ_2、θ_3。

（1）如图 8-2 所示，在线段 AB 上任取一点 E，先过点 E 作 BC 的平行线 EQ，交 CD 于点 Q，取 EQ 的中点 G，隐藏点 Q 及线段 EQ，连接 SG、SE、EG，根据异面直线所成角的定义，可得 $\angle SEG$ 即为 SE 与 BC 所成角 θ_1。

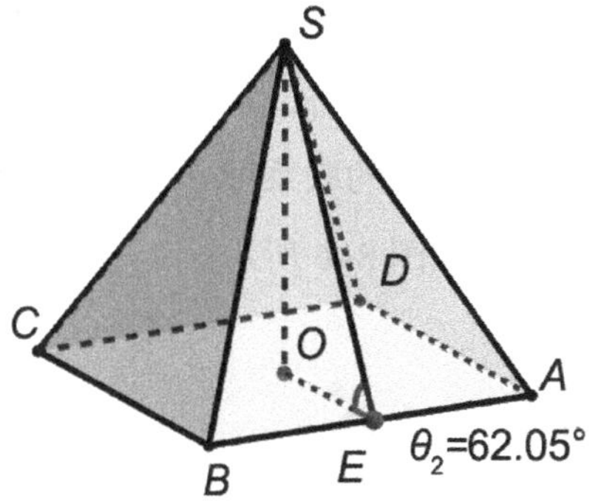

图 8-3

（2）如图 8-3 所示，底面 $ABCD$ 是正方形，其中心为点 O，可知 $SO\perp$ 平面 $ABCD$，根据线面角的定义，可知 SE 在平面 $ABCD$ 上的投影为 OE，所以 $\angle SEO$ 即为 SE 与平面 $ABCD$ 所成角 θ_2。

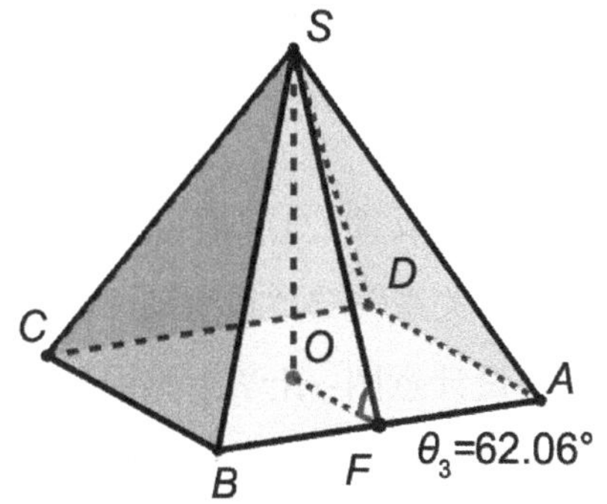

图 8-4

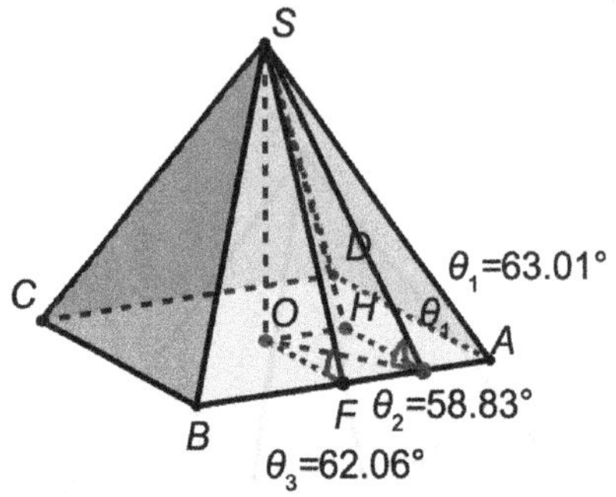

图 8-5

（3）如图 8-4 所示，取线段 AB 的中点 F，因为 $\triangle SAB$ 是等腰三角形，有 $SF\perp AB$，又 $OF\perp AB$，根据二面角的平面角的定义，可知 $\angle SFO$ 即为二面角 $S\text{-}AB\text{-}C$ 的平面角 θ_3。

将三个角放在同一图形中，即可得到图 8-5。

第三步：直观呈现。

将动点 E 移动时，三个角 θ_1、θ_2、θ_3 的大小数据就开始变动起来：点 E 从点 $A\rightarrow$点 $F\rightarrow$点 B 移动时，角 θ_1 呈现出大→小→大的变化；点 E 从点 $A\rightarrow$点 $F\rightarrow$点 B 移动时，角 θ_2 呈现出小→大→小的变化；点 E 从点 $A\rightarrow$点 $F\rightarrow$点 B 移动时，角 θ_3 始终为定值。在变化过程中，我们可以很直观地看到三个角之间的联系即 $\theta_2\leqslant\theta_3\leqslant\theta_1$，当且仅当点 E 与点 F 重合时，$\theta_1=\theta_2=\theta_3$ 成立，如图 8-6 所示。

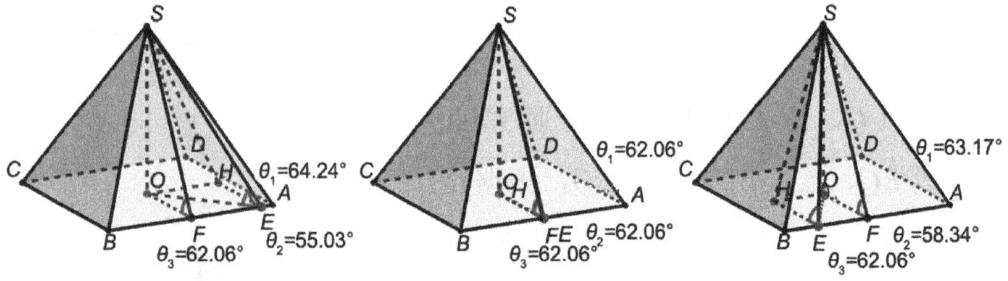

图 8-6

学生反馈：①“很奇特”；②“随着点 E 的移动变化，直观感受到三个角的大小关系”；③“很激动，跃跃欲试”。

设计意图：让学生感受角度随着点的移动，其大小也随之发生变化的这一动态过程；让学生产生浓厚的学习兴趣。

三、环节三：借助软件，提升素养

教师展示：通过软件 GeoGebra 5.0 的演示，我们能够直观感受到 θ_1、θ_2、θ_3 随着动点 E 变化而变化的过程，观察到 θ_1、θ_2、θ_3 三者之间的大小关系。并且在大小比较过程中，我们也观察到 θ_1 与 θ_2 之间的联系以及 θ_1 与 θ_3 之间的联系。接下来，我们先来探讨 θ_1 与 θ_2 之间的联系。

教师：我们发现角 θ_1 与 θ_2 有一条公共边 SE，并且另一条边都在平面 $ABCD$ 上。显然，在平面 $ABCD$ 内有无数条直线，这些直线与斜线 SE 所成角的大小的取值范围是多少？有没有最值？什么时候有最值？

教师：给出数学情境——已知斜线 l 与平面 α 所成的线面角的大小为 θ，直线 $m\subset\alpha$，探究直线 l 与直线 m 所成角 γ 的大小范围。

学生活动：学生四人一小组通过演示、画图等手段进行探讨。

学生反馈：约六分之一的学生可以观察出 γ 的范围是 $\left[\theta, \frac{\pi}{2}\right]$；约 1/5 的学生可以观察出 γ 的最小值是 θ；其他学生想象不出 γ 的变化，甚至有些学生不知道如何研究 γ 的大小变化。

教师展示：现在我们还是借助软件 GeoGebra 5.0 的演示，来看一看角 γ 的变化范围。

教师活动：用软件 GeoGebra 5.0 演示斜线与平面中的直线所成角的大小变化。如图 8-7 所示，作一平面 α 与斜线 l，斜足为点 A。再在平面 α 内作出斜线 l 的投影 l'，测出直线 l 与 l' 的夹角 θ 的大小为 63.4°。在平面 α 内过点 A 任意作一条直线 m（直线 m 可以体现出任意性），并测出直线 l 与 m 的夹角 γ 的大小。

如图 8-8 所示，当动直线 m 旋转起来，我们会发现，夹角 γ 的大小会随之而变化。当且仅当直线 m 和投影 l' 重合时，γ 最小为 63.4°（线面角的大小）；当直线 m 与 l' 垂直时，γ 最大为 90°。根据动态变化，我们不难发现 $\gamma\in$[63.4°, 90°]。

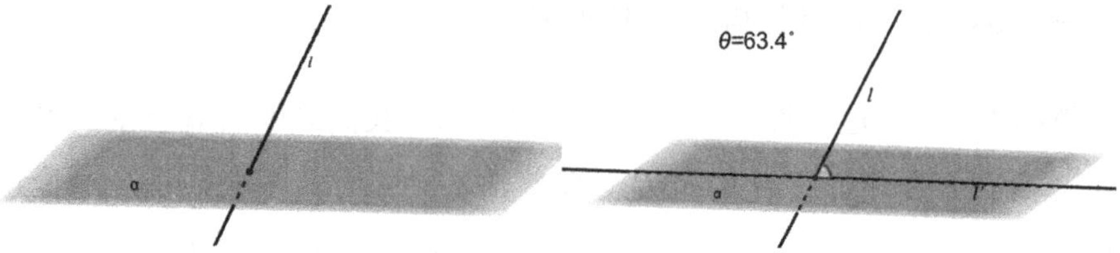

图 8–7

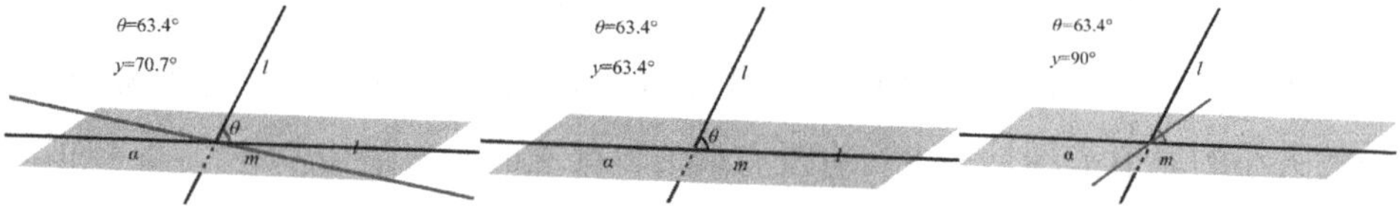

图 8–8

教师：推广到一般情况，已知斜线 l 与平面 α 所成的线面角的大小为 θ，直线 $m\subset\alpha$，直线 l 与直线 m 所成角 γ 的大小范围是多少呢？

学生活动：学生自主探究并得出结果 $\gamma\in\left[\theta, \frac{\pi}{2}\right]$。

教师：这样我们就得到了最小角定理——与平面斜交的直线与它在该平面内的射影的夹角不大于直线与平面内其他直线的夹角。

学生反馈：①回答问题时非常自信，声音洪亮；②回答的内容非常准确；③动态直观展示，让学生印象深刻。

设计意图：通过软件的动态展示，学生能够理解课本中线面角的概念的设定具有合理性和特殊性，同时也获得最小角定理，能够更简单地去判断这类角度的大小关系。

教师：不难观察到线面角 θ_2 的直线 SE 在二面角 S-AB-C 的其中一个半平面 SAB 内，接下来一起来探究 θ_2 与 θ_3 之间的联系。

教师：给出数学情境：在锐二面角 α–l–β 中，过平面 α 内一点 A 作平面 β 的垂线，垂足为 B；再过点 B 作直线 β 的垂线，垂足为 O。显然 $\angle AOB$ 为二面角 α–l–β 的平面角，且大小为 θ。思考：①在 l 上任取一点 C，且记 $\angle ACB=\delta$，显然角 δ 就是直线 AC 与平面 β 所成的线面角；② δ 与 θ 的大小关

系如何？

学生活动：学生四人一组通过演示、画图等手段进行探讨。

学生反馈：约 2/3 的学生可以观察出 $\delta \leqslant \theta$；其他学生不知道如何观察两角的大小关系。

教师：现在还是借助软件 GeoGebra 5.0 的演示，看一看角 δ 与 θ 的大小关系。

教师活动：用软件 GeoGebra 5.0 演示二面角的平面角与二面角中的线面角之间的大小关系。如图 8–9 所示，在锐二面角 $\alpha\text{–}l\text{–}\beta$ 中，过平面 α 内一点 A 作平面 β 的垂线，垂足为 B；再过点 B 作直线 l 的垂线，垂足为 O。显然，$\angle AOB$ 为二面角 $\alpha\text{–}l\text{–}\beta$ 的平面角。在 l 上任取一点 C，且记 $\angle ACB=\delta$。

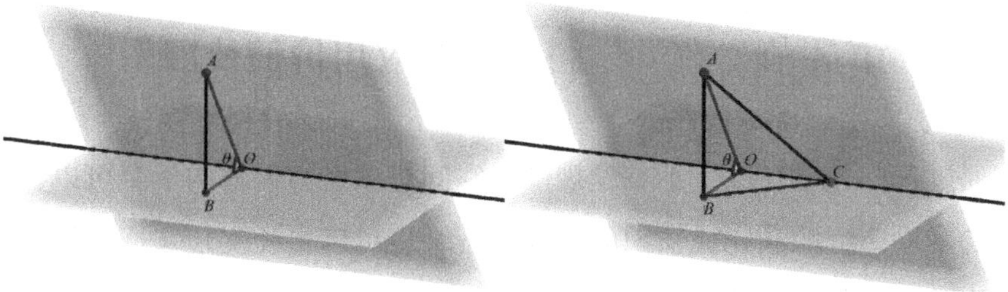

图 8–9

可测出二面角的平面角 $\theta=53.5°$。而角 δ 的大小随着点 C 的移动而变化：当点 C 距离点 O 越远，角 δ 越小；当点 C 越接近点 O，则角 δ 越大；当且仅当点 C 与点 O 重合时，δ 最大，此时 $\delta=\theta$。可以看出，$\delta \leqslant \theta$（见图 8–10）。

教师：推广到一般情况，已知二面角 $\alpha\text{–}l\text{–}\beta$ 的平面角 θ，平面 α 内不平行于 l 的直线 m 与另一半面 β 所成的线面角 δ 的大小关系是怎样的呢？

师生活动：大小关系为 $\delta \leqslant \theta$。这样，我们就可以得到二面角的最大角定理：对于一个锐二面角，在其中一个半平面内的直线与另一个半平面所成的线面角的最大值等于该二面角的平面角。

学生反馈：①回答问题时非常自信，声音洪亮；②回答的内容非常准确；

③动态直观展示，让学生印象深刻。

设计意图：通过软件的动态展示，学生能够理解课本中二面角的平面角概念的设定具有合理性和特殊性，同时也获得最大角定理，能够更简单地判断这类角度的大小关系。

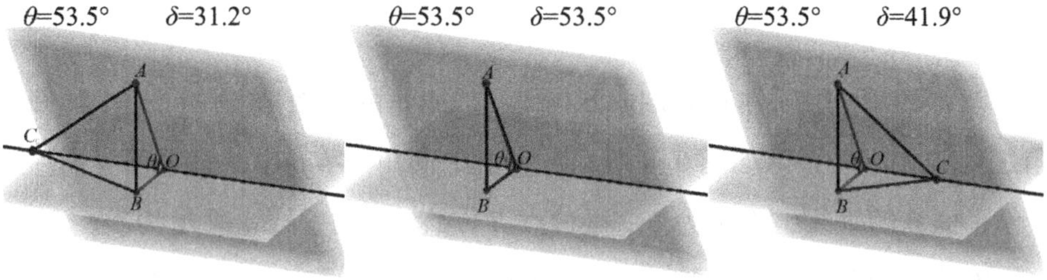

图 8–10

第 3 节　数学学科软件的应用价值及展望

通过这一教学片段，不难发现部分空间想象能力偏弱的学生可以在学科软件的辅助下，顺利完成知识的探究过程，也可以更扎实地掌握立体几何图形，为接下来的立体几何学习奠定较好的模型基础。总之，数学学科软件能够发挥以下智慧学习价值。第一，它解决了“探究学习”的难点问题，创设了一个以“学”为中心的数学实验情境，使学生愿意并真正有机会自主探索。第二，以教学内容为基础，在学生的“最近发展区”内适度扩展学习的边界，创设校本课程，不仅巩固了课本内容，也拓宽了学生的视野，提升了学生的学习能力。第三，为教学整体设计带来了更多的可能，为学生系统思考提供了抓手。数学学科软件不仅可以使学生系统掌握相关的知识技能，而且可以让学生亲身体验数学定理的发现过程，提高学生发现问题、提出问题、分析问题、解决问题的能力及创新意识，这对于深化教育改革，全面落实核心素养培养目标，具有重要的现实意义。①

对数学学科来说，要形成“课堂用、经常用、普遍用”的信息化教学新常态，需要强化信息技术与数学教学融合的四个意识。第一，工具意识。信息技术是教师教的工具，也是学生学的工具；是呈现、获取数学知识的便捷手段，也是探究、解决问题的有力工具。第二，学习意识。信息技术频繁迭代，共享、便捷、功能强大是方向，但作为教学手段也需要学习研磨和与时俱进。选择易得、易学，突出数学本质的动态数学软件作为日常教与学的手段，是有效且持久开展信息技术与数学教学融合的基础。第三，课程意识。信息技术带来的不仅是教与学方式的改变，也带来了学习内容的改变，固守显见的考试内容而不顾学生核心素养培养的教学观是不可取的。在技术极速变化的时代，教师应该借助信息技术，适度延拓已有的教学内容，开发校本课程。第四，发展意识。信息技术可以提供数学实验的平台，促进学生探究意识和能力的提升。因此，基于信息技术的探究式学习，更需要教师以促进学生发展为中心，牵引学生爬上教师精心设计的脚手架，经历解决问题的全过程。

结　语

在立体几何教学课堂中有效利用学科软件，往往可以帮助教师更直观有效地展现图形变化特征，使学生近距离地地观察几何现象，进而产生探究现象本质的欲望和行为，提升学生对立体几何的学习兴趣。

---

① 伍春兰，李红云. 基于GeoGebra的数学探究学习的实践与思考：以探究四边形全等条件为例[J]. 数学通报，2018（7）：25-28.

第9章 基于数学实验的数学课堂模式建构

数学源于生活并服务于生活，但一直以来的数学教学方式注重理性思辨和纸笔训练，使学生缺乏亲身体验和感受。而数学实验可以让学生参与数学概念或者性质定理的生成过程，通过实验活动感受数学的严密性；可以改变学生的数学知识形态，加深其对数学的理解，并能在实践中应用数学。

第1节 研究缘起

在所有的理科类学科中，物理、化学、生物都非常注重实验的操作、观察和研究，唯独数学，在学生的印象中除了解题还是解题。在高中阶段，依然有很多学生谈“数”色变，甚至在网络上流传着这么一段对话：甲说，“我急了什么事都做得出来”；乙说，“那做一道数学题试试”。数学在学生心中的难度可想而知。然而，在过去的教学中，由于一味地注重应试教育，数学课堂上充斥的是各种数字、符号、公式、概念，数学课的形式就是题型训练，数学课该有的一些活动或者实验都被做题所替代，丧失了理科类学科的实验探索趣味。

随着数据分析和数学建模这两大核心素养被提出，数学教学更加注重从实验中发现现象并用数学方法予以解决。在近几年的优质课或者示范课展示过程中，可以发现数学建模课的出场频率越来越高，前有《停车距离问题》，后有《茶水最佳饮用时间问题》，这些建模课都将数学实验引入了课堂教学，同时，新教材中大幅增加了概率统计的内容，将过去高考中不被重视的内容重新呈现，且在高考模拟题中设置了重要占比，而这些无疑都要通过课堂实践操作进行落实。

第 2 节　基于信息技术的数学课程

一、信息技术与数学课程的整合原则①

信息技术与数学课程的整合是在信息技术的支持下，将学生的主体能动性与教师的主导性相结合，以提高学生的科学素质为核心，结合学生已经掌握的知识结构和能力基础，从科学知识和技能、科学观念、科学方法、科学态度和科学精神等方面确定多元的数学课堂教学目标，使学生在掌握基础知识、基本技能的基础上，逐步形成科学的世界观和方法论。在教学过程中，充分利用信息技术平台、以计算机多媒体作为演示工具，生动形象地开展数学课程难点内容的教学，扩充数学知识量，培养学生的个性化学习习惯，创造条件让学生积极主动地参与数学课堂教学的全过程，提高教学效率。

第一，要结合数学课程特点，引导学生认识数学知识的发现、探索过程，并利用信息技术向学生进行展示，强调对数学知识的应用和迁移能力。

第二，正确看待信息技术的价值。信息技术是教学辅助手段，但不能完全替代传统教学方式或教学内容。要将传统教学与信息技术相结合，研制出高水平、高质量的课程设计方案并不断补充、修改和完善，真正发挥教学促进作用。

第三，要处理好师生关系。学生在以教师为主的课堂实验教学模式学习

① 黄宽娜，刘徽，李木华. 基于信息技术的高等数学实验教学模式研究[J]. 西南师范大学学报（自然科学版），2011（2）：210-215.

之外，或许还可以自己运用信息技术进行探究，得到课堂之外的知识，扩大知识面，缩小教师与学生的知识差距，同时也适当改变教师在课堂上的主导地位。

二、基于信息技术的数学实验

随着数学核心素养的提出，数学课堂开始更加注重概念的生成过程，数学课堂上的各类实验活动也日益增加。同时，由于技术的不断发展，实物类工具以及几何画板、Math 3D、GeoGebra 等软件也为数学实验的开展提供了可能性。

过去，由于实验设备的限制，教室里可能只有一张讲桌、一块黑板，教师即使希望做一些实验也很难实现。而在《茶水最佳饮用时间问题》这堂公开课上，教师可以借助温度传感器对讲台上的一杯水进行测温，并利用软件记录茶水温度。

数学实验是学生通过动手动脑，以“做”为支架的数学教与学的活动方式；是在教师的引导下，学生运用有关工具，通过实际操作，在认知与非认知因素参与下进行的一种发现数学结论、理解数学知识、验证数学结论的数学活动。数学实验具有直观性，能将抽象的代数知识的形成过程可视化，增强学生对知识的感性认识；数学实验具有可操作性，强调动手操作和动脑思考相结合，能将离身思辨化为具身体验；数学实验具有过程性，能让学生经历数与代数的抽象、运算、推理与建模等过程。因此，通过数学实验可以让学生在活动中建构知识体系、掌握数学方法、形成代数思维。[①]

① 王晓峰，周海东. 数学实验与“数与代数”教学[J]. 数学通报，2020（5）：33-36.

第 3 节　教学实践

数学起源于人类早期的生产生活，而数学的发展也促进了人类文明的发展以及科技的进步。高中数学是学生接受现代数学教育的重要一环，因此，高中数学的学习不应该仅是为了解决题型变式，而更应该是让学生理解为什么要学数学。20 世纪 80 年代，董林伟等就已经开始了数学实验的尝试和探索；随着时代进步，诸如几何画板、GeoGebra 等软件也开始在高中数学的教学中普及，有些学校甚至已经在兴建数学实验室，这些都为数学实验的开展提供了有力支撑。

一、技术类工具在数学实验中的应用

在数学实验中，图形计算器、Excel、几何画板、GeoGebra 等软件在数学活动中发挥着重要作用。

◎案例 9-1：指数函数的概念（一）

在传统的指数函数教学中，我们往往给出两个案例，让学生归纳出函数形式，并得到指数函数的概念。

材料 1：某种细胞分裂时，由一个分裂成 2 个，2 个分裂成 4 个……一个这样的细胞分裂 x 次，得到的细胞分裂个数 y 与 x 的函数关系是什么？

材料 2：当生物死亡后，它的机体内原有的碳 14 会按确定的规律衰减，大约每经过 5730 年衰减为原来的一半，这个时间称为“半衰期”。根据此规律，人们获得了生物体内碳 14 含量 P 与死亡年数 t 之间的关系，这个关系式应该怎样表示呢？

接下来，根据两个关系式 $y=2^x$，$y=\left(\frac{1}{2}\right)^{\frac{t}{5730}}$ 得到指数函数的概念，由此开始研究函数的图像与性质。

在这个情境活动当中，两则材料虽然也来源于生活，但过于直接，有点像为了概念而刻意设置情境，并不能给学生生动的活动体验。而在新教材的教学中，我们可以通过对具体实践中的数据分析抽象生成函数概念。

◎案例 9-2：指数函数的概念（二）

活动 1：由于旅游人数的不断增加，A、B 两地景区自 2001 年起采取了不同的应对措施，A 地提高了景区门票价格，B 地则取消了景区门票，表 9-1 是 A、B 两地景区 2001—2015 年的游客人次以及逐年增加量。比较两地游客人次的变化情况，说说你发现了怎样的变化规律？

表 9-1　A、B 景区游客人次及逐年增加量

单位：人次

年份	A景区		B景区	
	游客规模	较上一年增加量	游客规模	较上一年增加量
2001	600		278	
2002	609	9	309	31
2003	620	11	344	35
2004	631	11	383	39
2005	641	10	427	44
2006	650	9	475	48
2007	661	11	528	53
2008	671	10	588	60
2009	681	10	655	67
2010	691	10	729	74
2011	702	11	811	82
2012	711	9	903	92
2013	721	10	1005	102
2014	732	11	1118	113
2015	743	11	1244	126

学生回答：两地人次都在不断增加。

教师追问：是按照什么规律增加的？

学生回答：可以描点、画图研究图形的变化规律。

接着，学生可以利用 Excel 表格做出点图（见图 9-1），而如果在传统教室中，可以由教师画出点图。

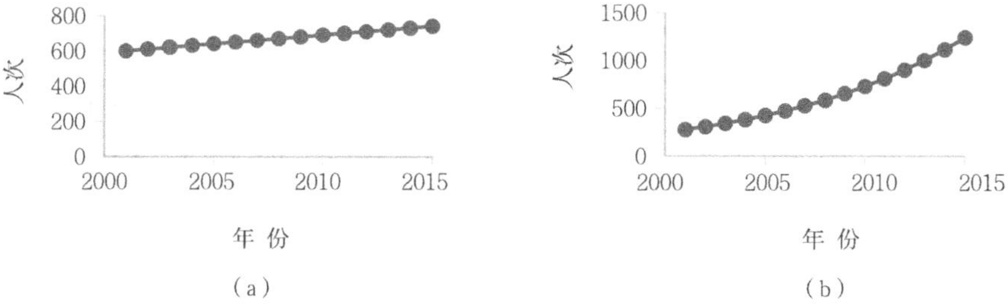

图 9-1　A、B 景区游客规模变化规律

教师：从变化规律图中，大家可以发现什么规律？

学生：（a）图是直线上升的，（b）图是曲线上升的。

教师：对于直线上升，我们可以用什么函数来进行描述？

学生：一次函数。

教师：很好，而且从表格中我们也可以发现增加量十分接近，基本是匀速增加的。那么（b）图可以用什么函数来描述呢？

（这时，有学生回答：幂函数。）

教师：为什么呢？

（学生腼腆地笑了一下，毕竟刚学完幂函数。因为学生是第一次借助数据分析来抽象生成函数概念，此时需要给学生一些建议。）

教师：我们想要选择某类函数来描述数据，就得先了解数据之间的关系，比如（a）图的数据中每年的增加量相近，因此匀速增加，所以我们可以选择用一次函数来描述，而（b）图中的数据具有什么特征呢？大家可以试着算一下（见表 9-2）。

表 9-2　B 景区游客规模变化的函数特征

年份	游客规模/人次	（较上一年）年增加量/人次	二级差	三级差	商值
2001	278				
2002	309	31			1.111511
2003	344	35	4		1.113269
2004	383	39	4	0	1.113372
2005	427	44	5	1	1.114883
2006	475	48	4	−1	1.112412
2007	528	53	5	1	1.111579
2008	588	60	7	2	1.113636
2009	655	67	7	0	1.113946
2010	729	74	7	0	1.112977
2011	811	82	8	1	1.112483
2012	903	92	10	2	1.11344
2013	1005	102	10	0	1.112957
2014	1118	113	11	1	1.112438
2015	1244	126	13	2	1.112701

教师：从函数特征表中你可以发现B景区的游客人数有怎样的变化规律？你会如何选择？

学生：三级差很接近，但商值基本保持不变。

教师：你会选择以什么为自变量、什么为因变量描述B景区游客人次的变化规律呢？

学生1：以年份为自变量 x，旅游人次为因变量 y，得到 $y=278\times1.11^{x-2001}$。

学生2：以经过的年份为自变量 x，旅游人次为因变量，得到 $y=278\times1.11^{x}$。

学生3：设经过 x 年之后旅游人次为2001年的 y 倍，得到 $y=1.11^{x}$。

教师：哪种形式更加简洁？这三种形式中，你会选择哪一个进行数据分析？

学生：第三种。

教师：没错，第三种形式更加简洁，而数学往往崇尚简约，因此我们给这样的函数赋予了一个新的名称——指数函数，而类似第一、第二种的形式，我们称为指数型函数。在生活中还有很多现象是符合这样的变化规律的。

数据分析是高中数学非常重要的一种素养，也是大数据时代数学应用的主要方法之一。在“指数函数”这节课中，教师顺着新教材的思路，带着学生一起经历数据分析的全过程，真切地还原现实生活中的数据分析体验，同时也对指数函数定义的给出创设了更自然的引入。很多学生在学完这节课之后切实感觉到数学的实用性，同时也体会到了指数函数引入的合理性。例如，有学生在笔记中写道：“指数函数是我们进入高中后，自幂函数后新定义的一个函数，也为我们之后进一步深入对数函数领域打下坚实基础。……指数函数在解决实际问题中有广泛应用。例如，在自然条件下，细胞的分裂、人口的增长、放射性物质的衰减问题，都可以利用指数函数来建模。指数函数是众多函数中增长最为迅猛的函数，在前期可能会被其他函数碾压，但凭借后期的增长率，它绝对可以称为‘函数一哥’！”还有学生在笔记中做了如下总结：“我对指数函数的印象有三点：①‘不和零玩’：②‘越增越吓人’；③‘永远和一为伴’。”

而这样的关于数据分析的实验，也渗透在数学的建模和统计当中，帮助学生真切地感知数学的实用性，相比原来直接从问题中获得解析式，这样的实验活动更具有说服力。

◎**案例 9-3：检测题**

检测 1：当死亡生物组织内碳 14 的含量不足死亡前的千分之一时，用一般的放射性探测器就测不到碳 14 了。如果死亡生物组织内的碳 14 经过 9 个“半衰期”后，那么用一般的放射性探测器能测到碳 14 吗？

检测 2：按复利计算利息的一种储蓄，本金为 a（单位：元），每期利率为 r，本利和为 y（单位：元），存期数为 x。

（1）写出本利和 y 关于存期数 x 的函数解析式；

（2）如果存入本金1000 元，每期利率为 2.25%，试计算 5 期后的本利和。

检测 3：已知函数 $y=f(x)\in R$，且 $f(0)=3\frac{f(0.5)}{f(0)}=2,\frac{f(1)}{f(0.5)}=2,\ldots,$ $\frac{f(0.5n)}{f(0.5(n-1))}=2$，$n\in N^{*}$，求函数 $y=f(x)$ 的一个解析式。

二、实物类工具在数学实验中的应用

数学实验和物理、化学实验一样，也有很多实物类的工具，只是由于过去的高考更关注题型的变化，也由于课时有限，很多时候会省去实验活动。

比如，在空间角的概念描述中，我们往往是类比线线角和线面角的定义直接给出二面角的平面角的概念，学生会被动地接受这个概念，因而在解题过程中经常会出现错误解法。

◎**案例 9-4：空间角的概念（一）**

问题 1：平面几何中的角是怎么定义的？

问题 2：在立体几何中，异面直线所成的角、直线和平面所成的角又是怎么定义的？它们有什么共同的特征？（类比给出二面角的定义。）

问题 3：如何度量二面角呢？

（教师拿出硬纸板组成的二面角，在其棱上任取一个点为顶点，在两个半平面内各作一射线，给出二面角的平面角的概念。)

在过去的课堂教学中，一方面，由于二面角仅仅是作为平面与平面垂直判定这一课时当中的一个概念，教师往往不过多展开，也不作深入探究，只是点出概念而已；另一方面，由于实验设备的局限性，学生很多时候无法参与到角的度量过程中，只是观察教师的实验，很难亲身经历概念形成的过程，因此在解题中总是在两个半平面中任取两条线所成的角作为二面角，在后续的性质定理和判定定理中也常常出错。

◎**案例 9-5：空间角的概念（二）**

活动 1：对折自己手中的纸片，得到一个二面角的模型。

教师：从几何的角度观察这些模型由哪些几何元素构成？

学生：由两个面以及它们的交线组成。

教师（追问）：是两个完整的平面吗？

学生：不是，好像是只有整个平面的一半。

教师：我们把这种从一条直线出发的两个半平面所组成的图形叫作二面角。这条直线叫作二面角的棱，这两个半平面叫作二面角的面。

活动 2：观察硬纸板的翻转，感受角的大小的变化。

教师：接下来就面临一个问题，我们要如何对二面角进行度量呢？现在请利用自己手中的度量工具对自己所折的二面角进行度量，并在小组内分享自己的度量方法。

学生 A：用量角器度量角的边缘。

教师：那如果边缘是不规则图形，要怎么度量呢？

学生 B：用量角器把纸片夹紧进行度量。

教师：这样度量出来的角是不是唯一的呢？

学生：把量角器顶着这个纸板到底，这样就是唯一的。

教师：很好，那么这个角的两边有何特征呢？

学生：紧贴着平面，且与公共棱垂直。

教师：我们可以用符号语言来描述吗？

点评：师生共同协作，得到二面角的平面角的概念：对于两个半平面 α、β，且 $\alpha \cap \beta = l$，若 $\begin{cases} OA \subseteq \alpha \\ OB \subseteq \beta \\ O \in l \end{cases}$，则 $\angle AOB$ 叫作二面角 $\alpha\text{–}l\text{–}\beta$ 的平面角。

通过数学实验的探究，学生可以体会二面角的度量过程，同时也可以体会二面角的平面角的大小的唯一性，加深对概念的理解。同时，这节课的重点和难点就可以放在二面角的概念和度量上，并能得到有效突破。

在这个案例中，教师不是直接给出二面角的定义，而是让学生体验度量的过程，由此发现角度的唯一性，理解二面角概念的合理性。这部分的实验实际上是从线面角的角度度量过程深化对二面角的平面角大小的唯一性的验证，学生利用量角器就可以通过度量进行大小关系的探究和验证，而不再只是记忆定理。

三、跨学科模型在数学实验中的应用

数学是一门基础性学科，在很多其他学科的学习中发挥着重要的作用，其他学科反过来也可以将抽象的数学问题具象化，从而解释原本晦涩难懂的知识点。例如，物理学科中的简弦运动和圆周运动往往会用来解释数学中的正弦函数。

◎案例 9-6：理解函数图像（一）

教师：试用五点法画出函数 $y=\sin x$, $y=\sin\left(x+\frac{\pi}{6}\right)$, $y=\sin(2x)$, $y=\sin\left(2x+\frac{\pi}{6}\right)$ 的图像，并比较它们的关系。

学生：作图。

教师：观察下列几组函数：① $y=\sin x$ 和 $y=\sin\left(x+\frac{\pi}{6}\right)$；② $y=\sin x$ 和 $y=\sin(2x)$；③ $y=\sin(2x)$ 和 $y=\sin\left(2x+\frac{\pi}{6}\right)$；④ $y=\sin\left(x+\frac{\pi}{6}\right)$ 和 $y=\sin\left(2x+\frac{\pi}{6}\right)$。比较它们两两之间的关系，并试着概括其对函数的影响。

利用五点法作图并借助图像之间的关系往往能够使学生较好地记忆 A、ω、φ 对函数图像变换的影响，但只是单纯地从图像角度进行理解，而对书中的关于振幅、频率、周期等的阐述纯粹作为一种补充，数学和物理之间学科的融合性并不能很好体现，这个函数究竟如何与物理中的圆周运动进行联系也只是浮于表面的语言描述而已。

◎**案例 9-7: 理解函数图像（二）**

问题 1：假定在水流量稳定的情况下，筒车上的每一个盛水筒都做匀速圆周运动（见图 9-2）。你能用一个合适的函数模型来刻画盛水筒（视为质点）距离水面的相对高度与时间的关系吗？

图 9-2　实物模型抽象

教师：接下来，我们要来研究 A、ω、ϕ 对函数 $y=A\sin(\omega x+\phi)$ 的影响。现在，有 3 个变量，我们一般采取什么措施对变量进行研究？

学生：控制变量法。

教师：取 $A=1$，$\omega=1$，$\phi_1=0$ $\phi_2=\frac{\pi}{6}$，点 1 从 D 点出发，点 2 从 E 点出发，试计算点 1 和点 2 分别到 A、B、C、D 四个点的时间，并总结一般规律。

学生：逐一计算，并作图（见表 9–3、图 9–3、图 9–4）。

教师：点 1 和点 2 到达同一点的时间间隔为多少？

表 9–3 学生记录表

	A	B	C	D
高度				
点 1 的到达时间				
到 2 的到达时间				

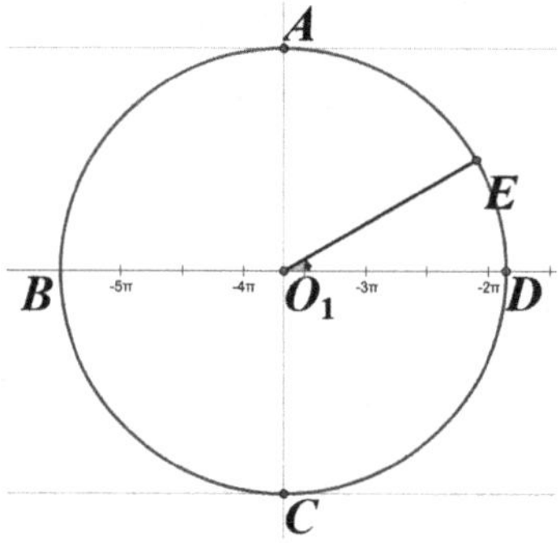

图 9–3 学生观测模型

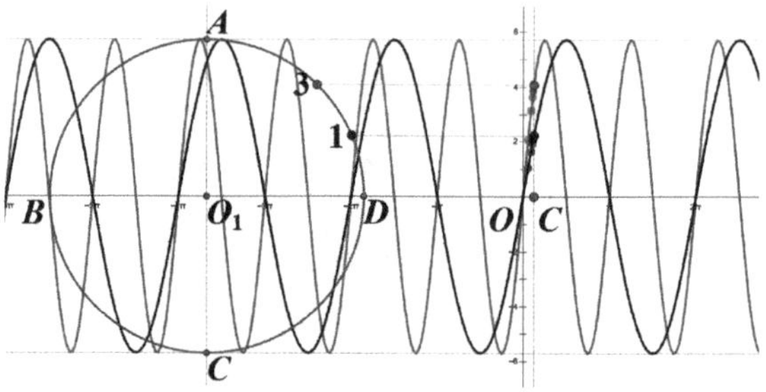

图 9–4 几何画板演示模型

点评：学生可以通过对两点运动的观察和计算获得函数图像的差异源于起始位置不同而导致在到达时间上产生一定的时间间隔，向左或向右平移代表着物体到达该点的时间提前或者滞后，从而加深对变量的理解。

教师：取 $A=1$，$\omega=2$，$\phi_3=0$ $\phi_4=\frac{\pi}{6}$，点 3 从 D 点出发，点 4 从 E 点出发，试计算点 3 和点 4 分别到 A、B、C、D 4 个点的时间，并总结一般规律。

学生：逐一计算，作图，并回答同样的问题。

教师：要研究 ω 的影响，可以取哪几个点的运动进行比较？

学生：点 1 和点 3，点 2 和点 4。

通过这种物理实验的观察和记录，学生才能真正将函数 $y=A\sin(\omega x+\phi)$ 中的每一个参数与实际运动中的量进行一一对应，不仅仅了解函数 $y=\sin(\omega x)$ 和 $y=\sin(\omega x+\phi)$ 之间的平移变换，同时可以进一步感知这种变换反映的是时间间隔的不变性，同时也可以更好地理解这个函数是关于时间的函数，而数学也就变得更加实用。

结　语

数学是抽象的，但这种抽象是源于现实中的具象；数学是需要运算的，但不仅仅是在解题训练中运算，更多的是用数学工具解决实际问题。而数学实验重视学生的亲身体验，包括探究型、验证型、理解型三类实验，关注知识的发生和发展过程，尤其对学生的数据分析、数学抽象、数学建模等素养的提升具有重要作用。基于数学实验的教学模式，提示了教学方式，突破了教学难点，使得新知识更易接受，课堂形式更为丰富，学习氛围更加轻松，也较大地提高了课堂教学效果。

第10章 基于核心素养提升的议题式教学在政治学科中的应用

政治学科不仅要着重于对知识和能力目标的突破，更重要的是贯穿学科核心素养。议题式课堂要求在教学过程中贯穿核心素养，深化情感、态度、价值观。政治学科议题式教学，重点在于选择和利用议题为课堂服务、为学生服务。

第1节　研究缘起

议题式教学是以探究性议题为主线，以结构化的学科知识为支撑，充分发挥学生主体作用，让学生通过参与实践、合作探究等方式，在研究议题的过程中提升学科核心素养的一种教学方法。《普通高中思想政治课程标准（2017年版）》（以下简称新课标），首次提出了议题式教学这样一种全新的教学方法。作为高中政治一线教师，面对这样一种全新的教学方式，感到既新鲜又困惑。在认识层面，议题式教学还存在争议；在实践层面，议题式教学还处于探索阶段。

新课标提出了政治学科的“核心素养目标”，把“政治认同、科学精神、法治意识、公共参与”作为政治课核心素养。在议题式教学过程中，必须渗透学科核心素养，例如，可以选取一个能够凸显思想政治课课程价值、统领课程内容的核心议题，围绕议题设置真实、复杂的教学情境和具有思辨性、开放性的问题，引导学生针对议题发表观点、展开讨论、合作探究、批判反思，努力寻求解决方法，从而获得新知。①

议题式教学由议题、情境、活动构成，具有四个特征。②

第一，议题的综合性和迁移性。议题式教学实施的前提是设置指向思想政治学科基本结构的核心议题。这类综合性的大议题往往能够被迁移到具体的社会生活中，转化为学习者所需要的观点与方法。

第二，情境的真实性和复杂性。在议题式教学中，情境探究的创设必须是真实的、复杂的。一方面，只有真实的情境，才能真正反映思想政治学科的核心知识，才能反映学生真实的品德修养。另一方面，学生处于复杂的情境中时，可以通过辨析、选择的形式亲历价值冲突，从而引发学生的知识建构，让学习真正发生。

第三，活动的整体性和互动性。活动设计要进行序列化的处理，体现其整体性。活动的流程设计，在理论上要呈现出层层铺设、阶梯式上升的特征，在实践上要呈现出张弛有度、环环相扣的特征。此外，活动设计更要体现在课程环节的设计中，涵盖课前、课中与课后。课前，要设计好活动方案，设置活动任务。课堂中，要进行情境导入，设置探究活动。课后，布置探究任务，采用社会实践的形式，把课堂的成果延伸到课外，培育学生积极参与社会生活的能力，实现知识的迁移。

第四，思维的外显性和宽厚性。议题式教学建构了一种利于高阶思维能力养成的教学样态，让学习过程中内隐的思维显性化，通过学生的自我分析、质疑辩论与教师的连续追问，让思维逐步外显，围绕着核心议题不断由低级迈向高级。

---

① 毕建华. 议题式教学促进深度学习[J]. 思想政治课教学，2018（10）：51-53.

② 刘乐，李红. 运用深度学习促进思想政治课议题式教学实施[J]. 教学与管理，2020（12）：92-94.

第2节　教学实践

议题式课堂对教师的要求就是在教学过程中贯穿核心素养，深化情感、态度、价值观。基于思想政治核心素养的议题式课堂的构建和方法见图10-1。

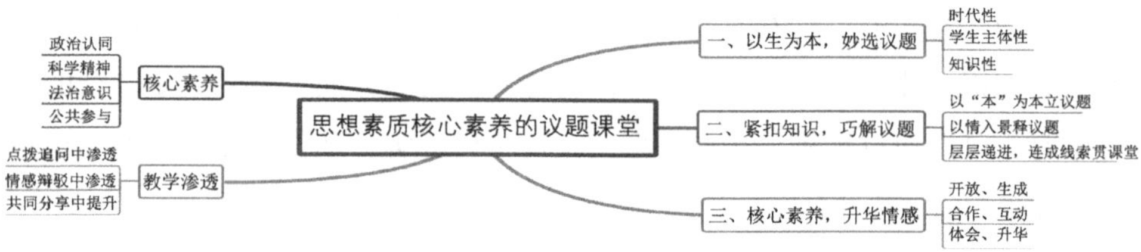

图10-1　基于思想政治核心素养的议题式课堂的构建和方法

一、“以生为本”，妙选议题

议题式教学的首要难点、重点是选择一个合适的议题。议题设置在议题式课堂中处于关键性地位，发挥着统领性作用。情境的创设、学科任务的设置、学科内容的落实、探究活动的开展、学和教的评价等，都是围绕着议题展开的。[①] 议题是议题式教学的核心。议题要能够面向学生，紧贴学生生活；要能够展现出时代性，把握时代脉搏；要能够紧跟课程知识，服务课堂。学生要通过议题式课堂的呈现，培育核心素养，掌握课本知识，实现情感升华。

学生是学习的主体。教学过程，是学生内化知识、升华情感的过程。在议题的选择过程中，教师要尊重学生的主体性，选择学生熟悉的或感兴趣的

① 韦强.基于课堂观察的议题式教学评价[J].思想政治课教学，2020（5）：13-16.

生活化议题，使学生更好地融入课堂。

例如，在对《美国的利益集团》进行备课时，为了确定议题，教师先是通过网络寻找了很多时政热点，并且重点寻找了美国的时政热点。通过仔细寻找，反复思量，在备课阶段，将美国的禁枪问题设为本课的主议题。原因如下：首先，学生通过书本、网络等途径，对美国枪支泛滥的现象有所了解，讨论该议题更容易使学生融入课堂；其次，禁枪问题作为美国社会的一个重要话题，社会关注度高，特别是能够同当前美国的民权运动结合起来，具有较强的时政性；最后，这一话题与教材的结合度也比较高，能让学生在分析时政知识的同时深入理解书本理论知识，做到活学活用。

二、紧扣知识，巧“解”议题

新课标将高中思想政治课定位为“综合性活动型学科课程”。这就意味着高中政治课具有“活动型”和“学科型”双重特点。其中学科型是核心，活动型是保障。在构建议题式课堂时，要以结构化的知识为支撑。议题式教学，不能也不应脱离学科知识而单独存在，不能为了“议”而“议”。议题设置是为落实知识服务的，议题式教学应该在议题的推进中展开知识学习，深化知识内容，达成教学目标。

（一）以“本”为本立议题

议题的设立和展开，首先要以课程为本位，教师必须先精研课本知识，充分掌握课本结构，只有在此基础上列出若干子议题，才能充分发挥议题式教学的作用，才能提高议题式教学的有效性。

在对《美国的利益集团》进行备课时，教师首先精读教材和教学参考书，梳理知识内容，厘清知识线索，分清本课重难点。根据高中政治学科指导意见，将本课的知识内容确定为：知道美国利益集团的地位、含义和分类；明确美国利益集团的活动手段和方式；理解美国利益集团的实质和利弊。其中，理解美国利益集团的实质和利弊是本课教学的重点和难点。

在明晰本课知识结构后，教师根据知识内容列出了几个子议题。例如，针对美国利益集团的活动手段和方式这个知识块，列出的子议题为：

如果你是美国的禁枪派利益集团，你们影响美国政治的手段和方式有哪些？（改前议题）

在上课的过程中，教师发现，对于这个议题，学生往往选择在课本中直接寻找答案。事实上，议题的功用在于激起学生的思维火花，让学生在体验中感悟，在思辨中提升知识能力。经过反思，教师对该议题进行了转化：

如果你是美国步枪协会的成员或控枪协会的成员，你们协会会做些什么来影响美国的禁枪立法进程，达成协会的目标？（改后议题）

通过这样的转化，学生在回答这一问题时就会首先立足已有的知识，思考美国立法进程涉及哪些方面，对于这些方面应该分别怎么做才能产生影响，进而达成本利益集团的目标。学生的思考有了深度，作出回答也就水到渠成，也更能理解知识内容。

（二）以情入景释议题

合理的情景设置，是高中政治教学一个有力的臂膀。设置合理有效的情境，能够帮助学生深化对议题的理解，让议题呈现更加直观化、更加有效。教师应创设学生思考问题的具体情境、资料收集的有效方法、交流探究的策略，同时也可为学生提供交流想法和陈述观点的机会。①

在美国利益集团的实质和利弊分析的教学中，教师首先直接呈现了议题：

步枪协会这一美国利益集团的存在，是损害还是维护了美国人民的权利？（未设情境的议题）

面对这一议题，学生要直接回答有点难度，即便作出了回答，也只是泛泛而谈，明显缺乏深度。一方面，学生对美国利益集团缺乏直观感受，也就

① 邹双国．情、议、行：思想政治课议题式教学的三要素[J]．教育理论与实践，2020（5）：56-58.

很难理解美国利益集团的作用；另一方面，高中生缺乏对复杂现象的思辨能力，考虑问题很难做到全面客观。

为了帮助学生更好地理解这一议题，教师首先引入了一段视频，内容是一位美国枪击案受害者家属对美国步枪协会的控诉。通过这个视频的引入，学生对禁枪问题有了直观的认知，开始认真思考美国利益集团的实质和利弊。再上这堂课时，学生对同一议题的理解和回答就深刻多了。

（三）层层递进，连成线索贯课堂

课程知识是层层递进的，是存在内在联系的。如何巧妙引出课堂知识，如何提高学生对信息的提取和概括能力，如何在信息解读过程中串联形成知识框架，是对教师的极大考验。

教师在备课过程中，要因势利导，根据课程知识的内在逻辑设置分议题，要关注各分议题之间的紧密关系，将分议题结合起来，形成一条紧密的议题链。《美国的利益集团》一课的几个知识板块，经过仔细分析就会发现，其是通过美国利益集团是什么、美国利益集团对美国政治生活的影响等议题，来导出对美国利益集团的评价这一议题。基于此，教师在将美国禁枪问题作为主议题的同时，设立了三个分议题。

表 10-1　美国禁枪主题分议题

分议题	内容
分议题1	如果你是一个美国公民，你是否支持禁枪？给出你的理由。
分议题2	如果你是美国步枪协会的成员或控枪协会的成员，你们协会会做些什么来影响美国的禁枪立法进程，达成协会的目标？
分议题3	步枪协会这一美国利益集团的存在，是损害还是维护了美国人民的权利？

这三个分议题层层推进，形成一个完整的链条。在教学实践中发现，由于有前面两个议题的铺垫，学生对美国利益集团的性质有了深入的思考，分析美国利益集团的利弊也就更顺畅。

三、回归核心素养，升华情感、态度、价值观

议题式教学是一种教学方式，旨在达成课程目标，于潜移默化中培养学生学科核心素养并能让学生在学习过程中激荡心灵、升华情感。

在议题式教学过程中，必须渗透学科核心素养，把学科核心素养贯穿始终。《美国的利益集团》一课的核心素养培养目标有四个：一是通过教学，在中美对比中认识到我国社会主义制度的优越性，增进学生的政治认同；二是通过议题及辩论，在思维的交锋中让学生掌握全面看待问题、理性分析复杂事物的科学精神；三是通过议题式教学让学生认识到遵法、懂法、守法的重要性；四是通过比较让学生意识到国家安定来之不易，国家秩序维护有赖于每个人的积极参与，从而培养学生的公共参与精神。

（一）开放、生成，在点拨追问中渗透核心素养

议题式教学要以讨论生成的形式梳理课堂知识点，在议题展开过程中潜移默化地渗透核心素养。教师要利用好学生的生成性资源，要抓住学生思维的“甜”点，要学会点拨追问，要四两拨千斤，直击目标、直至“靶心”。

在抓住学生思维的“甜”点这一过程中，进行合理追问是渗透核心素养的好方法。教学片段呈现如下：

片段1：在分析“如果你是一个美国公民，你是否支持禁枪？给出你的理由”这一议题时，有学生回答：“如果不禁枪，就会缺乏安全感。”教师提问：“那你觉得现在有安全感吗？”学生回答：“有。”教师追问：“是什么让你有了安全感？”学生回答：“稳定的社会秩序，感谢党的领导。”就是在这样的追问中，核心素养得到渗透，学生的政治认同加深。

片段2：在分析“是否该支持禁枪”这一议题时，大部分同学都支持禁枪。教师马上在这里加了一个条件：“如果大家都是军工厂的员工，你会支持禁枪吗？”学生的回答立刻就不同了。教师由此指出：“角色不同，对于同一个问题的看法也不同，这就告诉我们，看问题要注意设身处地，不能想当

然，分析问题则要理性、科学。”

（二）**合作、互动，在情感辩驳中渗透核心素养**

合作是互动的前提，互动是合作的完成形式。在议题式教学中，合作与互动是相辅相成的，合作和互动不仅体现在学生之间，更体现在教师与学生之间。议题辨析鼓励多元思考、深入探究、思维碰撞，能够引导学生对社会问题作出正确价值判断与选择。通过辨析式学习，学生在情境分析中呈现观点，在价值观交汇中识别观点，在探究互动中深化观点，在比较鉴别中论证观点，在思维碰撞过程中实现有效的价值引领，由此，正确的世界观、人生观与价值观深深扎根在学生心中。[①]

针对“步枪协会这一美国利益集团的存在，是损害还是维护了美国人民的权利”这一议题，教师增设了课堂辩论的环节。学生分成正方和反方，开展了热烈的讨论，观点如下：

正方：利益集团只关心自身的利益，为了牟取本集团的利益不择手段，滋生腐败，毫不考虑国家和人民的利益，这是对美国人民权利的损害。

反方：美国步枪协会也代表美国一部分人民的利益，维护了其利益，体现了美国立国精神。

这一环节是课堂的一个“爆”点。理越辩越明，在这样的辩论中，学生的思维形成了激烈的碰撞。情感的辩驳，不仅攻破了课堂知识的重难点，更是让学生深刻感受到了全面看问题的重要性以及用科学精神看世界的重要性。

（三）**体会、升华，在共同分享中提升核心素养**

为了让本节课的核心素养得以更好地贯彻与体现，教师在议题的结尾设计了一个小活动：让学生用三个开头句式（“通过本课，我学会了……”“通

① 邹双国.情、议、行：思想政治课议题式教学的三要素[J].教育理论与实践，2020（5）：56-58.

过本课，我掌握了……”“通过本课，我感受到了……”）谈谈对本节课的理解和感悟。有学生在手稿中写道：“通过本课，我学会了美国利益集团相关知识；通过本课，我掌握了要用科学精神看世界；通过本课，我感受到了国家秩序的维护要人人积极参与……”

这个活动是对议题的总结和升华。将体验讲出来，将体会分享，在这一过程中，学生真正成为学习的主人。在分享中，学生明确了学科知识，提升了学科能力，升华了情感、态度、价值观。更重要的是，这样的活动也是对学科素养的回归，让学生感受到了中国特色社会主义制度的优越性，明白了自己肩负的使命与责任。

四、“以点带面、点面结合”议题体系巧建构

议题式教学要关注教材的知识体系，从整体上理解教材。议题式教学要根据教材逻辑、结合生活逻辑、吃透理论逻辑，从而形成一个有机的“议题丛”。例如，在准备专题三《联邦制、两党制、三权分立：以美国为例》时，教师形成了“今日美国议题丛”（见表 10–2）。

表 10–2 “今日美国”议题丛

专题	主议题	分议题
联邦制	美国高铁修建能成功吗？	（1）高铁建设带来的好处有哪些？ （2）美国各州是否都会同意修高铁？ （3）美国高铁修建计划为什么一再失败？
两党制	美国总统选举是最民主的制度吗？	（1）任何美国公民都能参选总统吗？ （2）美国总统是本党的领袖吗？ （3）美国总统代表的是选民的利益吗？
三权分立	美国“隔离墙”能够建起来吗？	（1）在美国，总统能否单独决定“隔离墙”建设？ （2）总统要建“隔离墙”，议会、法院有反对权吗？ （3）建“隔离墙”维护的是谁的利益？
利益集团	美国该不该禁枪？	（1）如果你是美国公民，你是否支持禁枪？请给出理由。 （2）如果你是美国步枪协会或控枪协会的成员，你们协会会做些什么来影响美国禁枪立法进程，达成协会的目标？ （3）步枪协会这一美国利益集团的存在，是损害还是维护了美国人民的权利？

这样的“议题丛”构建，让各知识点的联系更加紧密，也使整本书、整个单元的知识更加丰满立体。

结 语

新教学模式的探索，总会伴随着很多收获、很多教训。关于议题式教学，笔者认为需要关注三个方面：一是议题要贴合教材、为教材服务，否则难以收到很好的效果；二是议题要贴合学生生活实际，否则就不能很好地发挥学生的主体作用；三是“不忘初心”，议题式教学必须渗透“政治认同、科学精神、法治意识、公共参与”的学科核心素养，并将之贯穿始终。

第11章 基于在线学习的高中物理概念教学

学生对物理课的畏惧，很大程度上来源于对高一物理概念的不理解。但随着手机、平板电脑、电子白板等智能移动终端逐步引入课堂，特别是在线学习方式的强势介入，使得建构基于在线学习的高中物理概念教学的基本流程和教学模式，从而突破高一学生物理概念学习障碍、促进其科学认知水平的快速提升成为可能。

第1节　研究缘起

学科核心素养是学科育人价值的集中体现，是学生通过学科学习而逐步形成的正确价值观念、必备品格和关键能力。核心素养时代要求教师由关注"教"转向关注"学"，由关注"教书"转向关注"育人"。物理概念教学也需要转向。

一、传统教学中的不良现象

很多高三学生在经过多轮的物理高考复习后，仍在综合题的解答过程中犯下各种基本的概念性错误；有较多对物理学科充满兴趣的学生，在高一后无奈放弃了物理而转向文科，他们给出的理由多是"物理很有趣，概念不理解"。

二、物理学科有其特殊性

物理学对自然规律的描述，其实质就是建立清晰、自洽的物理概念并找到它们之间的关系。因此，物理概念是对自然现象高度抽象的结果，反映了事物的本质属性。[①]

三、高一学生的思维方式发生转变

初中到高中阶段，学生的思维能力逐步从具象上升到抽象，认知水平不连续。由于初中科学知识抽象度不高，学生习惯了死记硬背，对文字、符号的认知过程缺乏深入理解，较多表现为机械学习。

四、在线教学有待改进

为阻断疫情蔓延，教育部于2020年春提出了“停课不停学”的号召，网络直播成为广大教师抗击疫情的主阵地。然而教学环境的巨大变化也衍生出了一系列问题。比较集中的问题有：怎样进行直播？怎样进行协同备课？如何体现核心素养？如何进行学习评价？

笔者发现，学生对物理课的畏惧，很大程度上来源于对高一物理概念的不理解。但随着手机、平板电脑、电子白板等智能移动终端逐步引入课堂，特别是在线学习方式的强势介入，使得进一步突破高一学生物理概念学习障碍、促进其科学认知水平的快速提升成为可能。因此，教师如何提高自身的信息技术素养，如何改善学生学习物理概念的体验，最终帮助热爱物理的学生建立学科自信、提升物理学科核心素养，是值得深入思考的问题。

① 陈刚，舒信隆.新编物理教学论[M].上海：华东师范大学出版社，2006.

第 2 节　物理概念教学现状

一、物理概念教学研究的现状

物理概念是某类物理现象和物理过程的共同性质和本质特性在人们头脑中的反映，是对物理现象、物理过程抽象化和概括化的思维形式。[①] 近十年来，关于物理概念教学的研究，从发表的学术论文和专著的数量来看，一直是被关注的热点问题。代表文献有：郭玉英、卢俊梅《“为概念转变而教”策略综述》[②]，赵强、刘炳升《建构与前概念》[③]，李忠《物理学概念教学研究》[④]，等等。

当前物理概念教学研究的问题主要有：描述现象多，深入探究原因少；经验总结多，理论分析少；关注教师多，关注学生少；等等。

二、核心素养时代物理概念教学的转变

物理核心素养是学生在接受物理教育过程中逐步形成的适应个人终身发展和社会发展需要的必备品格和关键能力，是学生通过物理学习内化的带有物理学科特性的品质[⑤]，集中体现了物理学科育人价值，是学生科学素养的重要组成部分。物理核心素养的落实要求学生从原来的重知识转变为重过程。近年来，教师越来越重视概念教学中学生的感性认识，加强了物理概念与生活经验的联系；教师在概念教学上的时间投入也持续增加，为学生创设了更

---

① 冯杰. 物理概念教学与物理规律教学之差异性探讨[J]. 物理教师，2020（1）：2-8.

② 郭玉英，卢俊梅. “为概念转变而教” 策略综述[J].物理教师（高中版），2003（5）：1-3,8.

③ 赵强、刘炳升. 建构与前概念[J]. 物理教师（高中版），2001（7）：3-4，9.

④ 李忠. 物理学概念教学研究[M]. 长沙：湖南教育出版社，2000.

⑤ 中华人民共和国教育部. 普通高中物理课程标准（2017年版2020年修订）[S]. 北京：人民教育出版社，2020.

多体验概念建立过程的机会；物理学史的引入也渐成常态，还原了物理学发展史的曲折和波澜壮阔，使学生能更深入地感知物理的文化内涵。

三、基于在线学习的高中物理教学的现状

当前对诸多新技术设备在教学中的应用研究很多，但基本上是对某一新技术的教学应用进行的研究；在技术与教学方面，教育技术往往与学科教学分离，教学的核心停留在教学方法上，学科针对性不强；教学思维以如何更多地获取知识为主，并没有从学科本身和学生自身角度出发，不利于学生物理学科核心素养的培养。①

四、体验式学习与物理概念教学

学习是由经验引起的能力或倾向的相对持久的变化。这里所指的经验不包括遗传和成熟引起的行为变化，而是指后天的、需要通过与外界发生相互作用而导致的变化。由此定义可以延伸出两点：第一，通过各种体验活动获得经验是学习的主要途径之一；第二，正是因为缺乏经验，才使得学习的发生具有了意义。学生不能对物理概念进行深刻的理解、运用和迁移，其主要原因在于缺乏足够丰富、深刻的体验。②

“体验式学习”（experiential learning，也译为“体验学习”“体验性学习”），发源于美国著名教育家杜威的“经验学习”。杜威认为，学生必须借助尝试、运用、改造等实践活动才能获得真知，这就是著名的“做中学”（learning by doing）。体验式学习理论认为，“课程之于学生不完全是客观认知的过程，更是情感传递、相遇对话的过程”；只有通过学生自己的体验，经验和知识才能真正进入他们的内在精神世界。③

---

① 阎金铎，田世昆.中学物理教学概论[M].北京：高等教育出版社，2005.

② 辛继湘.体验教学研究[M].长沙：湖南大学出版社，2005.

③ 库珀.体验学习：让体验成为学习和发展的源泉[M].王灿明，等译.上海：华东师范大学出版社，2008.

在体验式学习中，教师引导学生经历更为丰富的认知、情感体验，弥补学生在物理概念学习中普遍存在的认知能力不够、感性认识不足、生活体验不广等缺陷。在体验式学习中，教师引导学生回归生活场景，在解决问题的过程中逐步提升学生的思维能力；在体验式学习中，教师引导学生构建概念的横纵网络，深刻体会物理概念的和谐与简洁。

第3节　教学准备

一、探索目标

第一，从学情分析、任务设计、课堂互动、课堂评价等方面探索基于在线学习的概念教学策略。

第二，基于钉钉教学直播平台，在备课组团队协作下，站在课程的高度探索高中物理概念教学，形成初步的教学模式。

二、学生状况调查

2020年2月至4月，受到新冠肺炎疫情的冲击，课题组所在学校迅速响应教育部号召，对在线教学进行了积极探索，本课题的研究价值在这一特殊的历史时期获得了进一步的提升。

课题组首先对学生前期的在线学习情况进行了调查，其中余杭中学高一学生反映的主要问题见表11-1。

针对这些问题，课题组基于钉钉教学直播平台进行了实践探索。课题组认为，网络直播教学必须站在课程的高度，充分考虑学生的学习困境，发挥备课组的集体智慧，具体应关注课程的目标、内容、实施、评价等四个核心问题。

表 11-1　直播课前期高一学生状况调查

调查角度	存在问题
身体状况	网课时间长，眼睛痛；早上起不来，特别困
精神状态	学习没有动力，缺乏目标，作业效率低；难以自律，有时上课会玩手机
学习条件	缺作业本、教材；上课回答问题不方便；设备问题，声音偶尔会出现电音或忽大忽小
课程相关	讲太快（或讲太慢）；作业太多；作业太简单；个别学科更换老师，不适应
物理课堂	记笔记的时间不够；听懂了，但做题有困难

三、课程设计

（一）总目标定位

在线学习阶段，物理学科每周安排 4 课时，本学期全体高一学生将参加学考，年级组和学生较为重视。考虑到开学时间的不确定性，暂时安排 3 周的直播课程，预期初步完成《机械能及其守恒定律》的教学任务。

（二）备课流程

鉴于直播课堂的特殊性，备课组一致认同，加强集体备课有利于降低教师焦虑感，可以有效减少重复劳动。具体备课流程如下：

第一步：备课组长完成初步的大单元设计，确定课时与教学要点（见图 11-1）。

第二步：确定每节课的主要备课人，要求提前完成课件制作、作业任务布置、学生问题预测等。

第三步：利用钉钉群组，定期以在线会议形式进行集中说课，同时不定期完善教学设计，汇总教学资源，给出教学建议。

第四步：结合自己班级情况进行二次备课，并于每节课后及时报告教学进度和学生情况。

《机械能及其守恒定律》单元设计

（1）7.1—7.2 恒力做功（2 课时；功的定义、功的标量性、负功的理解、功的简单计算、求合力做功）

（2）7.3 功率（1 课时；平均功率与瞬时功率、恒定功率求功）

（3）7.4 重力势能（1 课时；重力做功特点、重力势能定义、重力做功与重力势能变化关系、相对性、系统性）

（4）7.1—7.4 习题课 +7.5 弹性势能（2 课时；求多种情景下的功特别是合力做功、弹力做功与弹性势能的定性关系）

（5）7.7 动能定理（4 课时；动能定理理论探究、动能的定义和计算；动能定理解决恒力问题；动能定理解决变力问题；动能定理解决简单多过程问题）

（6）7.8 机械能守恒定律（2 课时；机械能的转化过程分析，机械能守恒定律的理论探究和理解；用机械能守恒定律解决简单问题）

（7）7.10 能量守恒 + 功能关系（2 课时；涉及摩擦生热等常见运动的能量转化和功能关系，解题方法的选择策略，两条主线的建立）

图 11–1　大单元设计

（三）教学内容与资源

考虑到网络直播的特殊性，备课组对教学内容做了适当调整。

1. 删减内容

由于缺乏实验器材，物理的实验教学受到较大的限制。演示实验以动图、短视频形式或者用生活中的材料进行非常规实验替代，学生实验待返校后再安排。

2. 组织电子资源包

将必修 2 电子书、作业本 pdf 格式文件分享给学生，建议有条件的学生家庭提前打印。收集各类优质微课资源，如乐乐课堂物理微课、浙江省微课平台资源、网络名师工作室资源等，并从中选取有效视频片段用于课堂教学。每节课后，将本节课 PPT 连同作业推送给学生，方便其进行笔记整理。

3. 情境设计

创设情境进行教学，对培养学生的物理学科核心素养具有关键作用。[①] 为降低学生长时间在线学习的疲劳感，提升学习活动的参与度，备课组基于体验式学习理论，利用“情境 + 问题 + 互动”的模式开展教学。情境的选择尽可能贴近学生生活，贴近当前的社会热点，更多体现物理在生活中的应用性。从情境出发，通过设置逐步递进的问题，让学生在创造性地解决问题的过程中获取知识、提升能力。通过加入一线科学家和医护人员的抗疫新闻等，积极引导学习态度，渗透科技强国、学习强国的思想教育。

4. 习题资源

据调查，较多学生家中有浙江教育出版社必修 2 物理作业本。该作业本经过了省内专家多年的反复修订，题目优质、难度适中、题型丰富，深刻体现了物理学科的核心素养甚至人文情怀，多年来广受余杭中学师生欢迎。在这次网络教学中，备课组将该作业本习题作为主要的课堂例题和习题来源，通过顺序重组、拓展变式、一题多用、多题归一、学考链接、题型整理等形式，让学生通过讲解、模仿、重复、纠错、整理等方式学习，大大减少了学习困顿和迂回现象。

（四）活动与组织

课程实施阶段，特别是在通过直播课堂同时指导多个班学生进行集体学习活动方面，备课组克服了诸多困难，初步摸索出一些教学策略。

1. 准备阶段

为保证直播的顺利进行，减少无关因素对教学的干扰，在学校帮助下，备课组成员都升级了家庭网络带宽，尽可能使用较为稳定的计算机设备，通过使用耳麦或环境隔离等方式创建安静的直播环境。

为了开课后让学生更快进入学习状态，备课组要求提前 15 分钟候课，

① 中华人民共和国教育部. 普通高中物理课程标准（2017年版2020年修订）[S]. 北京：人民教育出版社，2020.

再次确认课件播放状态，并精心设计欢迎界面。课前 5 分钟，正式开启直播，播放欢迎音乐，提醒学生完成课前准备（见图 11–2）。

图 11–2　课前准备

2. 直播阶段

考虑到余杭中学学生的自主学习能力和当前的技术条件，采用翻转课堂模式并不切合实际，课堂教学基本以直播形式为主。为保证学生的实时参与，教师应尽可能增加师生交互的机会。

第一，语言。通过变换语速、留白、询问、鼓励、增加指导性语言、跟读等，让学生产生更为强烈的现场感。

第二，幻灯片演示。教师要特别注意 PPT 的视觉设计，保持界面简洁、对比度高、文字大小适中，每一页的文字量不宜过多且应逐步呈现。对于符号表达式，应提前以公式形式插入，或者使用“屏幕注释软件 + 手写板”实现实时动态展现。

第三，语音呼叫。语音呼叫是在线直播最为常见和便捷的交互方式，教师通过语音呼叫，可以确认学生的网络状态、学习进度、接受度、共情度等。学生遇到选择题或学习困难时，可直接在对话框中键入符号和文字，实现了课堂的实时反馈。

第四，连麦。除了文字交互，对于个别重点问题，可以点名要求学生连麦，进行个人展示和观点分享，提升课堂活跃度。但由于学生的网络状态不稳定，为了保证课堂的连续性，连麦的使用频率不宜过高。

第五，复式教学。同一时间段，对不同层次的学生给予不同的学习指令和学习任务，体现分层教学。

第六，学法指导。课中设置 2~3 个做笔记环节，提醒学生及时记录，并作为当天的作业上传。这样既能保证教与学的同步性，又能让学生时刻跟随教学主线，替代传统板书的部分功能。考虑到学生在家学习缺乏同伴引领，教师还可通过展现优秀笔记、优秀作业、优秀纠错本，对课堂表现积极的学生进行实名表扬，对听课时长不足、作业质量低下的同学进行批评等方式，激发竞争意识，培养学习习惯。

第七，保护视力。讲解完难点或者课到中途，可以设置一分钟的“眼休”时间，让学生起身到窗户边望远休整。

3. 课后阶段

第一，教学改进。通过观看回放，教师可以再次对自己的教学语言、教学节奏、学生跟进度进行分析和改进，可以将自己较为满意的回放链接发布在备课组群，互相学习和改进。

第二，学情收集。通过钉钉“智能填表”功能，教师可以统计学生需要讲评的习题，也可以及时了解学生当前的学习困难和教学建议，为下阶段的备课提供方向（见图 11–3）。

第三，后进生、尖优生辅导。网络教学，实现了对学生的有求必应。对于错误率较高的习题，教师可以通过制作详解答案、录制短视频等方式，及时为学生提供个性化答疑。

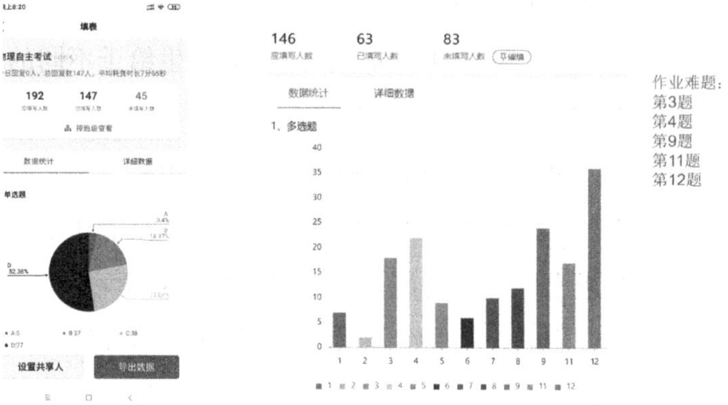

图 11-3　学习数据分析示例

（五）作业与评价

当前仍需要进一步深入的，是落实学习评价和丰富评价方式。

第一，课后作业的管理。备课组针对不同班级情况，对作业进行了一定程度的分层，利用钉钉教学直播平台的家校本便捷地进行作业的发布、批阅和管理，支持语音、文字、划圈等方式进行作业批改，对不符合要求的作业可以“打回订正”，对格式规范、书写优美的作业可设置为“优秀作业”并向全班展示。教师应明确作业的内容、时间节点、提交方式，建议将当天的PPT、相关微课资源等连同作业一起推送。有针对性的、暖心的书面评语，可以有效激发学生的学习欲望，优化学习状态。

第二，评价的多样性。除了关注作业质量和课堂问答，钉钉教学直播平台提供了大量的学习数据，教师可以通过观察学生的到课率、发言频次、直播在线时长、回放时长和次数、作业提交先后等，了解学生的学习主动性和完成度。另外，利用在线调查表，可以便捷地实现自我评价和同伴评价，调动学生更大的积极性。

第三，阶段性测试。钉钉教学直播平台的云课堂，可以通过导入试题发布试卷，实现在线考试和阅卷。教师可以设置及格分数，学生不限次数地进行补考直至通过。值得注意的是，学生参加考试主要依赖于其自律性，教师在考试前应进行一定的心理干预。

第四，对接德育管理。学校通过班主任队伍，全天对学生进行学习情况的观察和督促。任课教师应配合班主任，定期与后进生及其家长进行电话或网络交流，促进家校共建。

第 4 节　教学实践

通过前面的实践，课题组逐步构建起基于在线学习的高中物理概念教学模式，见图 11-4。

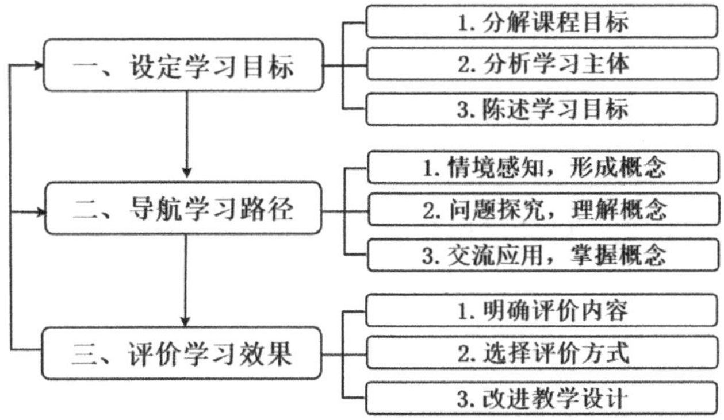

图 11-4　基于在线学习的高中物理概念教学模式架构

下面以人教版必修 2《7.2 功率》为例，对基于在线学习的物理概念教学模式进行阐述。该课例在余杭区线上教学优课评比中获二等奖，主讲教师被评为余杭区线上教学优秀教师。

一、教学任务分析

功率是生产、生活中常见的概念。学生在初中已经学习过功率，也知道功率的定义式、单位、物理意义等。本节课的学习任务内容有：

（1）为什么要引入瞬时功率的概念？

（2）如何计算瞬时功率？

（3）$P=Fv$ 的实际应用——起重机和机车的起步问题。

特别是第（3）点，寒假过后学生对牛顿运动定律遗忘严重，需要及时复习与回顾。

二、教学目标定位

（1）通过比较多个能反映“快”的物理量，领会功率的物理意义。

（2）通过估算老师做引体向上的功率，回顾功率的定义、单位等，同时经历物理建模的过程，并体会人对外做功的功率会发生变化。

（3）通过类比瞬时速度的极限法、微元法思想，建立起瞬时功率概念并推导出瞬时功率的表达式，能记住 $P=Fv$ 的适用条件。

（4）通过计算起重机的平均功率和瞬时功率，知道 $P=Fv$ 中各个量的物理意义。

（5）通过讨论机车起步问题，能分析、计算和解释生活中的现象。

（6）体会祖国建设者的爱国热情，鼓励在家积极锻炼，思考技术革命对人类生活带来的影响。

三、教学设计思路

（1）形成概念。从当前涉及疫情的热点新闻（火神山医院速建）入手，引出生活中多个反映“快”的物理量并进行辨析，整理回顾功率的定义式、单位等。

（2）理解概念。结合疫情，引导学生在家积极锻炼，引出张老师（教师本人）引体向上的情景。通过物理模型的不断修正，逐步估算出实际功率的数值，引出瞬时功率的概念。

（3）掌握概念。通过比较博尔特和起重机的功率大小，引出起重机情境，顺势推导出瞬时功率的计算式，并通过例题巩固平均功率和瞬时功率的计算；通过分析机车加速情景，明确实际功率与额定功率的关系，结合牛顿第二定律分析力与运动关系，并进一步用 $P=Fv$ 解释生活中的现象。

（4）升华概念。以人与机器对比情景，引导学生关注 STS①。

四、教学过程设计

第一步：情境感知，形成概念——引出功率概念。

◎案例 11-1：引出功率概念

教师：大家最近都在关注新闻吧？虽然疫情猝不及防，但伟大的中国人民只用 10 天建成了一所 1000 张床位的医院，全世界都惊叹——太快了！但生活中的“快”往往是个模糊的说法。

学习活动：思考下面的三个“快”分别对应什么物理量？

（1）现在的高铁真“快”呀！

（2）F1 赛车在 2.5 秒内达到了 100 码，真“快”呀！

（3）起重机在 10 分钟内就能把 10 吨重的货物吊到十楼，真“快”呀！

设计意图：通过瞬时速度、加速度的定义，引出物理量的变化率，体会功率的物理意义。

教师：请阅读课本，找出功率的定义、单位、标量，并做好笔记。

---

① 即科学（science）、技术（technology）、社会（society）。

第二步：问题探究，理解概念——理解瞬时功率。

◎**案例 11-2：理解瞬时功率**

教师：大家天天宅在家，要记得锻炼，老师每天练引体向上（见图 11-5）。

学习活动：张老师在 16s 内做了 10 个引体向上。张老师的体重大约为 60 kg，每次引体向上大约升高 0.5 m，试估算张老师克服重力做功的功率。

设计意图：①引体向上是学生熟悉的活动，加上老师亲自出镜，给学生带来新奇的学习体验，使其快速进入学习状态。②经历这个物理模型的建立和修正过程，可以让学生进一步体会受力分析的重要性，回顾牛顿运动定律解决问题的基本思路，为后面探究起重机功率问题做好铺垫。

教师：不同的人在不同运动状态下，输出的机械功率也是不同的（展示人在不同运动状态下的输出功率数值）。比如博尔特这样的优秀运动员，对外做功的功率可以达到 1000W 左右。机器也一样，只是功率比人大得多。这里的额定功率，是指机器正常工作时的最大功率（给出某型号起重机的额定功率值，与人的功率进行比较）。实际功率一般在 0 到额定功率之间变化。

教师：刚才老师做引体向上的上升阶段，前$\frac{t}{2}$内人的功率恒定吗？怎么才能知道？后$\frac{t}{2}$呢？前$\frac{t}{4}$呢？时间值取得越短，越能精确反映不同阶段做功快慢。当我们把时间分为很多段，那每段时间就变得很短，在时间轴上看起来就接近于一个点，这时对应的功率就能精确反映做功的快慢，我们称为瞬时功率，前面叫平均功率。

第三步：交流应用，掌握概念——应用 $P=Fv$。

◎**案例 11-3：应用 $P=Fv$**

学习活动：一台起重机匀加速地将质量 $m=1.0\times103$kg 的货物吊起，在 2s 末货物的速度 $v=4.0$m/s，取 $g=10$m/s^2，不计额外功，求：

（1）起重机在这段时间内的平均输出功率。

（2）起重机在2s末的瞬时输出功率。

教师：怎么计算某一时刻起重机的功率呢？（可提示学生运用微元法，类比瞬时速度的定义）

生（预设）：$P=\triangle W/\triangle t=F\triangle x\cos\alpha/\triangle t=Fv\cos\alpha$，这里的$v$是物体在该时刻的瞬时速度。

教师：以后求瞬时功率就可以用这个公式。只要我们有足够的耐心，可以得到每个时刻的瞬时功率，就能知道功率是如何变化的了。

设计意图：①把公式的推导过程融入情景中，使学生在创造性地解决问题中贯通知识、体会方法、提升能力。②通过计算，明确两个公式的区别和联系，回顾用牛顿运动定律解决问题的基本步骤，强调受力分析的重要性和解题规范。

◎**案例11-4：应用$P=Fv$（二）**

学习活动：一辆质量为4t的燃油汽车，额定功率是60kW，假设汽车受到路面和空气阻力近似不变，约为1000N，$g=10\text{m/s}^2$。

（1）若汽车以8m/s的速度在平直路面匀速行驶，汽车发动机实际功率是多少？

（2）如果平直公路足够长，汽车理论上的最大速度是多少？

（3）当汽车要爬上一个倾角较大的斜坡，手动挡的司机该如何操作呢？

学生（预设）：方案1，靠惯性冲上去；方案2，踩油门，增大功率和牵引力；方案3，降挡减速，增大牵引力；方案4，找人来推车。

（4）若汽车以理论最大速度值冲上一个倾角为α的长斜坡（$\sin\alpha=0.1$），请通过计算说明汽车能否保持匀速行驶。

设计意图：第一问帮助学生建立汽车在水平面运动时的物理模型。第二问有一定的难度，学生缺乏驾驶机动车的生活经验，对汽车燃油发动机的原理不了解，是产生学习困难的主要原因，因此，教师要简单介绍内燃机的原理，明确汽车输出功率的相关因素，进而结合牛顿第二定律分析汽车的力与运动关系。第三问是一个开放性的问题，需要给足学生思考的时间，让学生在交流和分享中应用物理概念和规律解释生活中的现象。第四问进一步拓展运动情景。

教师介绍汽车手动挡与自动挡的区别，可类比变速自行车简单介绍变速箱原理。若有学生问："为什么发动机功率不能一直增大？"教师可回答："当油门踩到底，燃油发动机单位时间内消耗的燃料达到最大值，气缸内燃气对活塞的推动力也达到最大值，无法再增加。"

第四步：情感体验，升华概念——体会人与技术的力量之别。

◎案例 11-5：体会人与技术的力量之别

学习活动：假设某男子以 100W 左右的输出功率向高处搬运东西，一天工作约 10 小时。现在如果用一台电动起重机去替代他的工作，不考虑机器的其他消耗支出。这台起重机大概要用几度电？电费约多少元？结合这一结果，谈谈你对科技发展与人类进步的认识。

设计意图：通过简单估算，让学生意识到简单体力劳动对人类社会的贡献之少，只有发奋学习，才能更好地建设祖国，像在战疫第一线的科学家和医护人员一样，贡献更多的力量。

五、学习评价设计

教师设计如下活动，引导学生加深对功率概念的理解。

◎案例 11-6：理解功率概念

学习活动：天天宅家要加强锻炼。你能否通过某种运动方式，设计一个实验方案，估算你自己的最大输出功率？请写出测量的方法并测量出具体值。

设计意图：该活动具有一定的开放性和趣味性，学生可以通过爬楼梯、做俯卧撑等运动估算自己的最大输出功率。在疫情宅家期间，作为课后学习任务，这既有助于学生增强体质，又加深了学生对功率概念的理解。

六、教学效果反思

经过一段时间的摸索和实践，基于在线学习的高中物理概念教学模式在实际教学中达成了预期效果。相比传统教学方式，该教学模式能有效激发学生学习物理的兴趣，课堂活跃程度较高；为学生营造了生动、真实、有趣的物理学习环境，促进了学生积极参与认知与情感的体验；降低了后进生学习物理概念的难度，让学生在解决实际问题的过程中获得成功的体验。

结　语

基于本课题的实践，课题组逐步探索出改善物理概念教学的有效策略，基本解决了具体操作流程、学情数据采集、备课组团队协作等疑难问题，在实际教学中取得了较好的效果，本课题的经验总结也被学校选送为在线教学优秀案例进行了推广和上报。

在线教育作为新生事物，带给教师们冲击与挑战。很多教师表示教学任务更重了，个性化辅导时间更长了，学生要求更高了。但我们同样看到，在线教学如果离开教师的指导，那么学生的学将是低效的。因此教师的作用并没有因为教育技术的革新被弱化，反而变得不可替代。未来，在线教育将作为学校教学的补充长期存在，新时代的教师更应努力提升信息技术与教学的融合能力，积极拥抱未来。

第12章 唤醒·提升·建构——高中学生建构信息技术学科知识体系的策略

当下，信息技术设备和智慧化平台的教学应用愈加普及，而且在高考中信息技术的考评方式采用笔试形式，这对一线教师提出了更高的要求。教师既需要比较不同的导入方式、任务指导方式、课堂练习方式对学生学习效果的影响，找到一条能够有效唤醒学生认知结构、提升学生知识建构能力、促进学生建构自身信息技术知识体系的道路，又需要不断完善教学设计和教学过程，探索教与学的良性循环。

第1节　研究缘起

一、传统教学方式与教学内容存在弊端

（一）重实践轻理论的教学方式

在高考改革之前，学校只有部分学生需要参加三项高考。三项高考对信息技术的考评采取机试的形式，考场设置在计算机教室，学生在计算机上根据要求完成相应操作。因此，多年来学校在信息技术学科的教学上普遍存在重理论轻实践的问题，学生对信息技术的学习也倾向于模仿和试误，对知识的理解缺乏深度，未能整体构建知识体系。

（二）“信息技术”只是教学内容

高中阶段信息技术课程内容包括信息技术基础、多媒体技术应用和算法与程序设计，教学重点内容是表格处理软件 Excel、图像处理软件 Photoshop、动画处理软件 Flash 以及编程语言 VB。一方面，这些软件和编程语言的学习更多的目的还是应对考试，在学生应用能力的提升和培养上比较欠缺；另一方面，教师也仅仅把这些内容作为教学内容，只教给学生考纲中涉及的知识点，忽略了对软件的系统应用，而且很少把这些信息技术应用到平时的教学过程中来辅助自身教学，这就导致学生学到的内容除了用于考试之外，没有其他的用武之地。

二、信息技术学科肩负时代重任

浙江省高考改革方案中指出，2017 届高考开始取消文理科，实行高考“七选三”模式，从物理、化学、生物、政治、历史、地理和技术中选择三门作为高考科目，其中，把信息技术和通用技术合为一门考试科目，称作技术。此项改革对高中信息技术教学和学习产生了两个方面的影响：一方面，将信息技术学科的考评方式由传统三项高考中的机试模式转变成在学考和选考中的笔试模式；另一方面，信息技术纳入选考，对知识深度的要求更高。这就要求学校、教师和学生转变传统的信息技术偏向于实践的上课模式和评价模式，同时加强对知识点的深度学习，更好地去适应笔试模式下的信息技术教学和学习。

随着信息时代和智能时代的到来，越来越多的信息技术设备和智能化平台应用到教育教学领域。信息技术学科肩负着提升学生的信息素养，为国家培养信息时代的合格公民的重要责任。如何应用好信息技术设备和平台，让学生更好地适应信息社会，进而实现智慧教育和终身学习，是现阶段高中信息技术教师面临的重要课题。

第 2 节　研究设计

一、核心概念

（一）认知结构

认知结构是通过积累获得的、按一定层次组织的、适合当前学习任务的知识体系。广义上，认知结构是学生已有观念的全部内容及其组织；狭义上，认知结构是学生在某一学科的特殊知识领域内观念的全部内容及其组织。①

（二）知识建构

建构主义理论认为，知识的获得不是学习者简单接受或复制的过程，而是学习者积极主动建构自己的知识经验的过程，这种建构是通过新旧经验之间的双向的、反复的相互作用而实现的。②

（三）知识体系

把一些零碎的、分散的、相对独立的知识概念或观点加以整合，使之形成具有一定联系的系统，这就是知识体系。

二、研究目标

（一）唤醒已有认知结构

学生学习过程是知识建构的过程，途径是建立新旧知识之间的双向联系，既巩固旧知识，又将新的知识纳入自身认知结构中。同时，通过重现编排和组织来完善自身认知结构，为新知识的学习做铺垫。因此，要想建

---

① 刘炯. 认知结构理论在中学历史教学中的应用研究[D]. 开封：河南大学，2014.

② 田秋艳. 虚拟学习社区中知识建构的影响因素研究[D]. 长春：东北师范大学，2009.

构学科知识体系，首先要唤醒学生已有的认知结构。①

（二）提升知识建构能力

学习的过程是学生主动建构知识的过程。知识的建构受学生已有认知结构和已有生活经验的影响，个体无时无刻不在进行着有意识或者无意识的知识建构。所谓“工欲善其事，必先利其器”，只有提升知识建构能力，才能实现更多更有意义的知识建构。②

（三）建构信息技术学科知识体系

每一个学科都有自身的体系和脉络，所有的知识点按照一定的方式进行组织，形成一个关于本学科的知识网，在知识网中，每个知识点同周围的知识点都有联系，这样有利于知识的记忆、保存和再创造。信息技术学科涉及内容较多，知识点较为零散，这就需要学生把每一个知识点用自己的方式重新进行组织，建构自身的信息技术学科知识体系，从而更好地实现知识的应用。

三、研究对象与方法

本次研究选取的对象是高二年级的学生。鉴于本课题的实践性和情境性特点，采用测验法、调查法、观察法、访谈法、经验总结法、实践分析法来进行研究。③ 通过测验法和调查法来了解学生的当前知识水平；通过观察法和访谈法来了解学生的学习习惯和认知风格；通过经验总结法来学习前人的经验，提出可行的方法；通过实践分析法在课堂实践中践行方法，分析成效。

四、研究过程

在为期一年的研究中，围绕研究目标与内容，教师具体做了以下几个阶

① 张国枝.认知结构理论对教师教学的启示[J].小作家选刊（教学交流），2013（3）：42-43.

② 马宁，李亚蒙，何俊杰.群体知识建构视角下教师混合式研训的组内交互及知识建构层次分析[J].现代教育技术，2019（4）：44-50.

③ 庞立场.教科规划课题研究方法运用的现状与思考[J].教育科学论坛，2019（34）：35-38.

段的工作，见图 12–1。

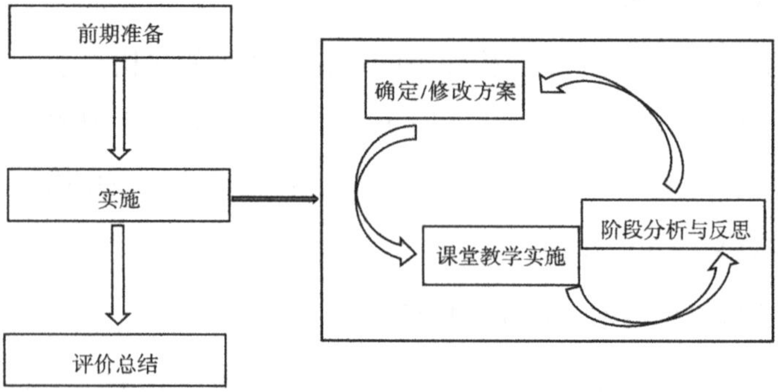

图 12–1　研究设计流程

在课堂教学实践中采用的教学设计流程见图 12–2。每节课由课堂导入、知识讲解、任务探究、随堂检测四个部分组成，在一个单元或者一部分内容学习结束之后引导学生绘制思维导图。

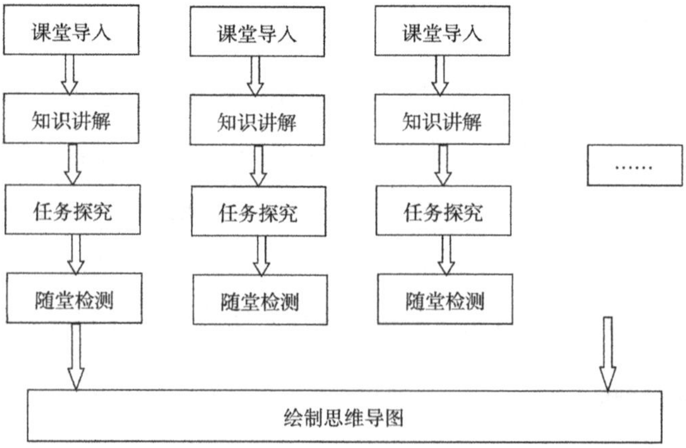

图 12–2　教学设计流程

（一）前期准备

在高二开学初上课时采用两种形式了解学生学情，均在计算机教室完成。一是下发电子版《学习情况调查表》（见表 12–1），学生根据自身情况填写，教师在回收后进行汇总分析。

表12-1　学习情况调查表

信息技术课程内容： （1）信息技术基础：信息及其特征、文字处理软件 Word、表格处理软件 Excel、光学字符识别软件 OCR、数据库 Access、算法及其表示、算法的程序实现。 （2）多媒体技术应用：信息编码、音频处理软件 Gold Wave、图像处理软件 Photoshop、动画处理软件 Flash、视频处理软件"会声会影"。	
熟悉的内容	
不熟悉内容	
学习习惯	
学习建议	

各班汇总情况见表12-2。

表12-2　各班汇总情况

班级	不熟悉的内容 （按提到次数由多到少）	建议
A班	Photoshop、Flash、二进制、Excel、OCR、Access、Gold Wave、算法与编程	（1）讲解得更详细些，多做示范。 （2）抓要点，深入教学。 （3）在课上多做点练习，多重复重点内容。 （4）上课过程中少一些语言讲解，多一些操作时间，最好可以一边讲解一边用小窗口播放，这样记忆更深刻。
B班	进制转换、Excel、Access、Photoshop、Flash、GoldWave、OCR、语句、解析算法、枚举算法、Word	（1）上课时讲慢一点，仔细一些，内容讲清楚，强调重难点。 （2）示范操作，逐个步骤地教，之后及时练习。 （3）多做习题，留足够时间做练习，课堂作业简单一点。 （4）上课可以再生动一点，上课方式丰富多样；留一点时间上网娱乐。
C班	进制转换、Flash、Photoshop、Gold Wave、解析算法、枚举算法、Access、OCR、信息及其特征	（1）基础知识要详细易懂，多演示范例，速度慢一点，讲一下重难点和易考点。 （2）讲仔细一点，内容少一点，多留点时间练习。 （3）老师先演示一遍，再让学生做，加强示范。 （4）多次重复同种作用的题目，多实践多练习。
D班	进制转换、Excel、Photoshop、Flash、Gold Wave、Access、OCR、语句、解析算法、枚举算法、Word	（1）讲慢一点，内容详细一点、清晰一点，明确重难点，重要知识点多讲，疑难点进行演示。 （2）实际操作多一点，多讲多示范，重点讲解普遍错误。 （3）多讲一些例题，详细讲解解题思路，多做练习，增加基础题的练习。 （4）作业难度小一些、量少一些，发作业时附带方法演示。 （5）按照个人薄弱内容分组教学。

续表

班级	不熟悉的内容（按提到次数由多到少）	建议
E班	进制转换、Excel、Access、Photoshop、Flash、Gold Wave、OCR、解析算法、枚举算法、Word	（1）上课速度慢一些，详细一点，重点知识多讲一下，多讲容易考到的知识。 （2）操作演示，一步步教，少讲多做，多给点时间进行实践操作和完成作业。 （3）最好有一份复习提纲和教案。 （4）可以请同学讲讲自己学信息技术的窍门。
F班	进制转换、Excel、Access、Photoshop、Flash、Gold Wave、OCR、解析算法、枚举算法、Word	（1）讲慢一点，内容具体一些、详细一点。 （2）操作演示，讲得详细一点，多给点时间进行操作。 （3）先讲基础题目，然后发作业，讲一下难点，让学生自主练习。 （4）开小窗口讲解，留点时间上网。

二是下发任务。请同学们根据所学内容，选择合适的软件或者平台来做自我介绍，以便于老师更好地了解学生。

学生拿到任务，在计算机上选择自己擅长的软件，进行自我介绍。

课后，教师对学生提交的自我介绍进行分析，六个班级共提交自我介绍278份，其中有202份是用PPT完成的，占总数的72.7%，剩下的76位学生使用了Word来进行自我介绍，占27.3%，没有学生使用Photoshop或者Flash等多媒体软件来完成自我介绍。

通过这样两种活动，发现学生对信息技术知识点的掌握较为薄弱，仅仅对一些简单的、跟生活联系比较紧密的知识有所了解，理解较为零散，缺乏系统的、整体的把握，在自主完成任务时倾向于选择难度较小的方式，缺乏探索和钻研精神，对信息技术的学习态度比较散漫，自主学习能力不足，需要教师一步步引导和强调。此外，PPT制作其实不是高中阶段所学的内容。课后，教师在随机访谈中了解到，学生选择PPT的原因主要有三个：一是初中阶段学习过PPT，相对来说比较简单；二是教师平时上课都在用PPT，学生耳濡目染；三是有些科目的老师平时会让学生用PPT的形式进行汇报。这个发现也验证了学生更易习得跟生活息息相关的知识这一设想。

（二）实施

实施阶段又分为三个步骤：确定方案、进行课堂教学实践、阶段分析与反思。这三个步骤首尾相连，形成一个循环状态，先确定方案，然后开展课堂教学实践，进行阶段分析与反思，根据反思结果修改方案，再次进行课堂教学实践，再分析与反思，在这样一个“实践—反思—再实践—再反思”的过程中完善方案。

第一步：确定方案。根据前期准备阶段对学生知识掌握程度和学习习惯的分析可知，学生对多媒体部分和算法部分的内容较为生疏，习惯于简单的模仿操作，知其然不知其所以然，对相关知识点的理解和思考不深入，对同一知识内容的整体分析能力比较欠缺。要想改变这种情况，应该从课堂教学入手，一方面，有意识地进行教学设计，注重课堂导入，激发学生学习兴趣，把课堂的主动权交给学生，给予探索和思考的空间①；另一方面，及时归纳和总结，可以采用思维导图的方式让学生独立归纳相关知识点。在上述理念的指导和推动下针对多媒体部分（主要指 Photoshop 和 Flash）进行教学设计，运用形式多样的课堂导入（如问题导入、情境导入、任务导入等）。新课讲解部分尽可能精简，如对于 Photoshop 中工具的用法只需讲清楚基本内容，把重点放在学生实践过程的任务设计上。

第二步：进行教学实践。按照教学设计进行课堂教学，认真记录学生表现，每节课后做好总结和反思；在一个阶段的内容学习结束后，引导学生进行本阶段内容的总结，学生在教师的协助下绘制思维导图。

第三步：阶段分析与反思。通过课堂观察、学生作品及作业的批阅、测验等方法，对一个阶段的实践效果进行检测和反馈，结合课后总结和反思，分析并修正方案，再次进行课堂实践。

---

① 张丽. 快乐学习：让孩子变“要我学”为“我要学”[J]. 新课程（教育学术），2017（6）：265.

（三）总结

在一学期的教学实践结束之后，结合学生的期末考试成绩和课堂表现、作品、作业情况来分析成效，思考存在的问题和不足。

第 3 节　教学实践

根据前期分析结果，选取 Gold Wave、Photoshop、OCR、Flash 等软件的操作进行方案设计以及教学实践。

一、确定方案

根据前期分析，学生对这部分内容的学习存在畏难心理，任务的完成缺乏完整性和系统性，而且六个班的学情比较类似。针对这种情况，教师确定了教学实践方案（见表 12–3）。

表 12–3　教学实践方案

类别	班级	教学过程			
		课堂导入	讲解演示	实践操作	课堂练习
对照组	A 班				
实验组	B 班				
结果分析，方案调整					
实验组	C 班				
实验组	D 班				
结果分析，方案调整					
实验组	E 班				
实验组	F 班				

选取 A 班作为对照班，采用传统的教学方式。B 班作为实验班，结合智慧设备的使用，通过课堂导入、讲解演示、实践操作、课堂练习四个过程，分析教学效果，调整教学方案。在 C 班、D 班再次实施，分析效果、调整方案；在 E 班、F 班再次实施，分析效果、调整方案。

二、课堂教学实践

（一）课堂导入，唤醒认知结构

一方面，信息技术已经广泛应用于实践，学生在生活中或多或少接触过；另一方面，高二学生在初中阶段已经接触过信息技术的部分内容，再加上高一阶段的学习，他们对信息技术的知识内容有了一定程度的了解和认识。也就是说，高二阶段的学生已经形成了关于信息技术课程的认知结构，只是这个认知结构还需扩充和完善。通过精心设计的课堂导入，让教学内容跟学生的已有经验之间产生联系，既可以激发学生的学习兴趣，又可以唤醒学生已有的认知。

实验班采用精心设计的课堂导入，对照班不进行课堂导入，直接呈现学习内容。

◎案例 12-1：多媒体信息处理之音频处理软件 Gold Wave 教学

课堂导入：音频导入，选取 TF boys 的三首歌的副歌部分组成一段歌曲串烧，在课堂上进行播放。

分析：观察发现，播放音频的实验班与未播放音频的对照班相比，学生积极性明显提高，还有部分学生跟着音频进行哼唱，课堂气氛很活跃，以至于教师用了较长的时间才让学生平复下来进行后续的学习。在后续的学习中还有一部分学生沉浸在音乐中，注意力不集中。为了解决这个问题，教师对导入进行了修改。选取 20 世纪 80 年代的三首音乐组成歌曲串烧，播放完成后抛出任务：如何把自己喜欢的音乐制作成歌曲串烧？之后在别的实验班进行教学，观察发现，修改之后的音频导入既能活跃课堂气氛，又不会导致学生沉浸其中，学生带着任务反而能更为专注地听讲和进行实践操作。总体来说，使用音频导入的班级，课堂氛围更为活跃，学生听讲和操作时的注意力较为集中，操作练习更具有针对性和完整性。对照班课堂氛围一般，教师演示时有个别学生精神不集中，在操作时有一半左右的学生的学习目的不明确，这里操作一下、那里操作一下，只有小部分的学生能够独立完成一个完整的作品。

（二）任务驱动，提升建构能力

建构主义理论认为，知识的获得不是学习者简单接受或复制的过程，而是学习者积极主动建构自己的知识经验的过程。这种建构是通过新旧经验之间双向的、反复的相互作用而实现的。知识建构的完善与否取决于学生自身的知识建构能力，这就需要从源头入手，采用任务驱动的方式，让学生参与到完成任务的过程中，调动并综合运用自身原有的经验和知识，从而不断提升自身的知识建构能力。

◎案例 12–2：Photoshop 之选取工具的使用

任务设计：选取工具的使用是 Photoshop 图像处理中的重要内容，包括矩形 / 椭圆形选取工具、套索工具和魔棒工具，三种选取工具各有优势，适用于不同的情形，要求学生能够根据具体情况选择合适的选取工具创建选区。针对这一目标，教师设置两个任务：任务 1，在创建选区之后结合自由变换命令完成大头照的制作；任务 2，结合油漆桶的使用来更改证件照的背景。任务采用两种方式进行发布，一种采用 Word 文档，写下操作步骤，如下：

（1）打开素材“大头照”，执行“全选”和“拷贝”命令，新建一个文档，命名为“大头图”，执行“粘贴”命令，关闭“大头照”；运用合适的选取工具选择某一人物的头部图像；使用“自由变换”功能，将头像放大，调整至合适位置；以“.psd”格式保存在桌面上，名称为“大头图”。

（2）用 Photoshop CS5 软件打开素材库中的“证件照”；采用全选——拷贝——新建——粘贴命令复制“证件照”；利用“裁剪”工具把证件照裁剪成合适大小；用合适的选取工具选择证件照的白色背景；设置前景色，用油漆桶工具填充背景；把文件以“.psd”格式保存在桌面上，文件名为“学号 + 姓名”，上交。

另一种是对任务的操作过程进行录屏，做成一个操作指导视频，学生通过观看视频来完成任务。

对照班下发 Word 版任务指导书，实验班下发操作指导视频。

分析：观察发现，对照班学生能够根据任务指导书一步步操作，在完成作品的过程中出错的概率较大，有些学生能够对遇到的问题进行思考和分析，进而去修正，但也有一部分学生不清楚问题出在哪里，于是在全盘否定后重新操作，导致完成任务耗时较多。实验班的学生根据操作指导视频能够一步步快速完成任务，耗时较少，但更多的是对操作的机械模仿，对软件知识和操作逻辑的理解与内化不够，这个问题在后续学习中更加凸显。针对这种情况，教师对操作指导视频进行了修改：在指导视频中选取与任务类似但又不同的任务来演示操作过程。不同体现在素材上，类似体现在主要操作步骤上。把修改后的操作指导视频应用于下一个实验班，发现学生完成任务的时间有所延长，大部分学生是先观看完操作视频再动手操作，一小部分学生是边看视频边操作，先看视频再操作的学生在完成任务时一气呵成，而边看边操作的学生在任务完成过程中会出现多次停顿。虽然过程有差异，但两班完成任务的时间和成效接近。运用修改后的任务操作指导视频的班级学生，在后续的学习中表现出良好的知识迁移能力。

信息技术学科是以操作为基础的学科，在教学过程中要把计算机交给学生，让学生去操作、去实践。当然，这个实践过程不是无目的的，而是需要教师有计划、有目的地指导，而任务设计就显得尤为重要。任务设计既要结合教学目标，又要贴合学生的生活和学习实际；既要有一定的挑战性，又不能难度太大，否则会挫伤学生的学习积极性。①

① 刘世杰. 微话题任务驱动教学模式在初中信息技术课堂中的应用研究[D]. 济南：山东师范大学，2018.

（三）课堂练习，及时内化知识

学生的学习成果最终需要通过考试来检验，因此在平时教学中，教师不仅要培养学生的动手实践能力，还要锻炼学生的答题能力，也就是要培养学生的知识内化和迁移能力。学生在观看教师演示、自主实践操作后，及时进行课堂练习，把所学内容进行内化和迁移。

◎**案例 12–3**：音频处理软件 Gold Wave 练习

任务设计：同一份练习分两种形式呈现：一种采用 Word 文档的形式下发到对照班，学生在电脑上自主完成；一种用“问卷星”来编辑试题，发布网络入口，实验班学生登录后进行答题。采用 Word 文档答题的班级，教师在其答题完成后下发答案和解析，学生对照核对；采用“问卷星”的班级，学生在答题结束提交后会自动返回批改情况以及错题解析，学生还能看到自己在班级中的排名情况。

分析：在学生进行课堂练习时，教师巡视观察，发现采用“问卷星”答题的学生注意力更为集中，每班只有一两名学生在电脑上打开其他应用，其他学生都是直接登录“问卷星”平台答题，而且能够在 5 分钟内完成题目，提交之后根据反馈去翻看课本或者与旁边的学生讨论，也有同学直接询问教师，对于错题则再次作答和学习。采用 Word 文档形式答题的班级，在下发任务之后只有三分之二左右的学生直接打开 Word 文档进行答题，其他学生要么发呆，要么使用鼠标在电脑桌面上乱点，在教师或旁边学生的提醒下才慢悠悠地打开 Word 文档，而且答题过程中有五六名学生中途关闭 Word 文档窗口去打开浏览器，在教师提示后才回到 Word 文档答题，这就导致答题耗时较多。同时，在教师下发答案及解析后，只有一半左右的学生认真进行核对，核对完后有个别学生询问教师，其他学生直接关闭 Word 文档，很多学生做完题目就去使用 Gold Wave 进行无目的的操作了。课后，教师对个别学生进行访谈，了解到他们更喜欢采用“问卷星”进行课堂练习，认为“问卷星”答题更为方便快速，还能及时反馈，知道自己的答题情况以及与其他同学的差距。对于教师来讲，“问卷星”能够自动将学生的答题情况进行汇总分析，不仅减少了教师批改作业的时间，而且方便教师根据答题情况快速了解学生的掌握情况，调整后续的教学内容。

（四）绘制思维导图，建构知识体系

信息技术学科涉及的内容比较宽泛，知识点较为零散，学习过程偏重实践，因此学生难以对该课程的知识进行理论总结和升华。基于目前笔试的考察方式，加强学生对知识点的整理和归纳能力显得尤为重要，而对一门学科知识点的整理和归纳可以更好地构建本学科的知识体系。例如，可以采用思维导图的方式，在一个阶段的学习结束之后对这部分内容进行归纳总结，厘清思路，然后逐渐加入新内容，从而不断完善自身的知识体系。

◎案例 12-4：光学字符识别软件 OCR 教学

任务设计：以绘制思维导图的形式，学习 OCR 的使用（见图 12-3）。

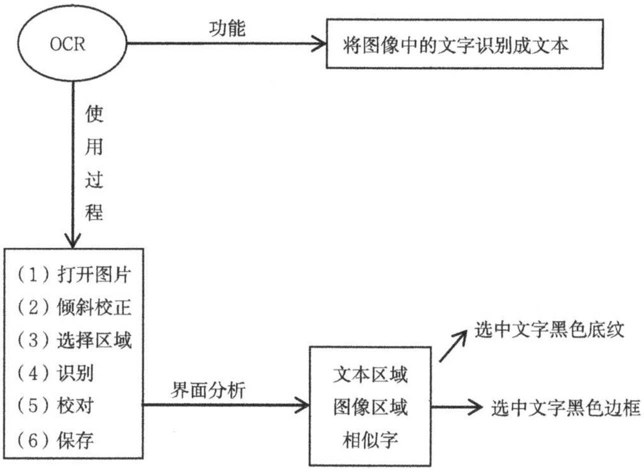

图 12-3　OCR 思维导图

分析：关于光学字符识别软件 OCR 的使用，涉及的知识点包括 OCR 的功能以及使用过程，其中使用过程中的校对界面的分析，常常作为考点出现在考试过程中。因此，设计这样一个思维导图，既把OCR的知识点都包含在内，又用流程线的方式厘清了相关知识点的关系，有助于学生对本部分内容的整体把握。

◎案例12–5：多媒体技术应用之Flash教学

任务设计：以绘制思维导图的形式，学习Flash的相关内容（见图12–4）。

分析：Flash的内容是“多媒体技术应用”模块中的重点内容，在考试过程中所占比重较大，再加上Flash的知识点较多，可考察的内容也比较多，因此需要学生对Flash的相关内容有整体的把握。此思维导图是关于Flash内容的整体框架，从动画类型入手，逐步分解到三种元件，需要学生结合所学逐渐补充和完善，进而掌握Flash的相关内容。

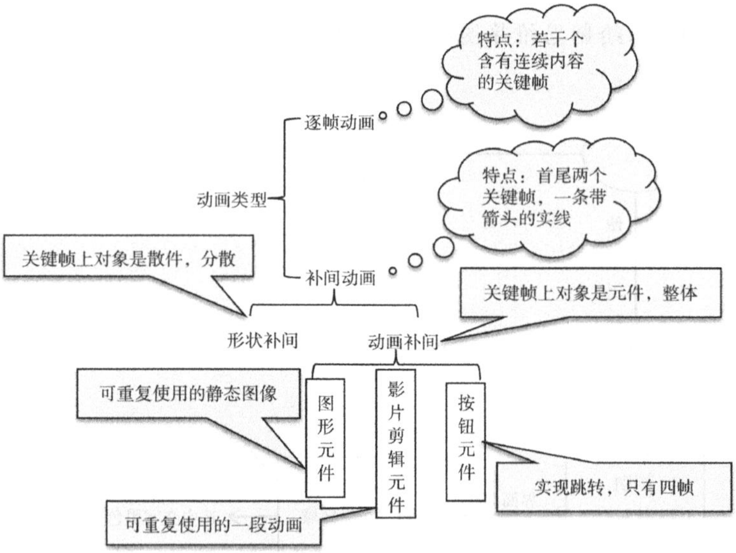

图12–4　Flash思维导图

思维导图的创建既要体现相关知识内容的特点和关联，又要结合学生的认知特点。高中阶段的学生已经有一定的逻辑分析能力，能够理解单个知识点以及相邻知识点的关系，但是在分析一部分内容的所有知识点的关系方面，学生尚感吃力，因此，思维导图的创建需要师生共同进行，由学生思考、补充、完善，教师从旁指导。

第4节　教学成效与反思

一、教学成效

（一）营造和谐课堂氛围，提高学习积极性

在实验班与对照班的比较中发现，实验班上课纪律较好，很少出现交头接耳、发呆"神游"的学生。反观对照班，有学生小声聊天，有学生发呆，还有学生做其他科目的作业。将信息技术融入课堂，采用音视频的方式进行课堂导入、运用视频来提供任务指导、采用"问卷星"进行随堂检测，这在给予学生多样化的信息刺激的同时，营造出和谐的课堂氛围，能有效减少学生上课走神的情况，提升学生课堂学习的积极性、专注力和参与度。

（二）技术支持，提升课堂效率

在课堂导入和知识讲解部分，实验班和对照班完成任务所用时间基本无差异，但在实践操作环节和课堂练习环节，对照班采用Word文档呈现任务指导和课堂练习，学生需要花费时间去阅读和理解，答题后需要等待教师批改后进行反馈。实验班学生采用操作指导视频和"问卷星"，完成任务耗时较少，课堂练习后的直接反馈又节省了教师的批改时间。

学期教学结束后的学生学考成绩分析见表12-4。

比较发现，总体上来看，实验班比对照班的A、B率要高。但出现了一个特殊情况，就是实验班D班D率较高。在与通用技术老师讨论中了解到，

D 班学生对学考科目不够重视，觉得通过学考即可，因此课下和考前花在技术学科上的学习时间较少。

表 12-4　学考成绩分析

单位：%

成绩	对照班	实验班				
	A 班	B 班	C 班	D 班	E 班	F 班
A 率	0	0	0	2.8	0	4.3
B 率	17.6	33.3	22.4	8.3	41.3	42.6
C 率	52.9	36.7	53.1	38.9	34.8	42.6
D 率	29.4	30.0	24.5	50.0	21.7	10.6

（三）教学相长，提升教师的教学设计能力

确定方案，进行课堂教学实践，阶段分析与反思，改进方案，再次进行课堂教学实践，再反思、再改进、再实践，通过这样一个“实践—反思—再实践—再反思”的过程不断完善教学设计。在这个过程中，教师加深了对学情的理解和把握，针对学情设计合适的课堂导入、学习任务、练习题等，逐渐提升了自身的教学设计能力。

二、教学反思

在历时一年的课题研究过程中，立足于课堂教学实践，通过“实践—反思—再实践—再反思”的过程，对如何促进信息时代的高中生建构信息技术知识体系，笔者有如下几点思考。

（一）智慧设备和平台的使用能够有效增强课堂的体验感

把六个教学班分为对照班和实验班，从课堂导入、任务发布到课后练习，分别采用传统方式和使用信息技术设备和平台的方式，通过一个学期的教学观察，发现采用信息技术设备和平台的班级，课堂氛围较为活跃、融洽，学生课堂参与度较高，反响也比较好。

课堂导入时采用多媒体技术设计出的音频、视频、动画，能够激发学生

的学习兴趣，提升学生进行后续学习的专注力；发布任务时采用操作指导视频，比教师口头讲解和文字呈现更为直观高效；课后采用“问卷星”对学生的学习效果进行检测，其能够及时作出反馈和分析，因而学生参与度较高。

（二）学生知识建构能力的提升是一个循序渐进的过程

任何一种能力的提升都不是一蹴而就的，需要慢慢引导、循序渐进。每个人在学校和社会中都是通过建构来进行知识的学习的，遇到一个新内容、新知识，如果跟原有的认知结构有关系就把它建构进去，如果没有联系就先记住，以备后面作为新的建构点。但我们并没有意识到这就是知识的建构。教师之间在聊天时说某个学生接受能力强、知识掌握较快，某个学生接受能力弱、学习的连贯性不太好，其实说的就是学生之间知识建构能力的差异。在当前应试教育的背景下，从幼儿园、小学、初中到高中，大多数教师都是遵循讲授式的教学方式，学生听讲、识记、练习，知识是直接呈现在学生面前的，学生的学习缺乏主动性，这种方式不利于学生发展自身的知识建构能力。万事万物都具有惯性，当教师把讲授式教学方式转变成任务驱动型的学习方式时，学生难免会感到不适应。所以，在通过任务驱动法进行教学以提升学生知识建构能力的过程中，学生需要经过不适应—适应—主动尝试—熟练运用等阶段，这是一个比较缓慢的过程，教师应该具备足够的耐心，悉心指导，让学生循序渐进地提升知识建构能力。

（三）信息技术知识体系的建构是无止境的

在教育系统中，新知识、新内容不断出现，任何一门学科都是在不断发展的，尤其是信息技术学科，它的发展应该紧跟科技发展潮流。这就督促着教师不断学习，充实自己，在自身的知识体系中加入新内容、新思想。对于高中生来说，现阶段的目标是通过学考或者在选考中取得好成绩，其只需要对考试要求的内容进行完整的把握。从长远来看，每一个公民都必须依赖信息技术来实现更好的生活，因此，不管处在人生的哪个阶段，对信息技术的学习都要坚持不懈，也就是跟随时代发展，不断学习，扩充和完善自身的信息技术知识体系。

结　语

科技的发展越来越迅速，以技术与教学相结合来促进学生发展，依然是一个值得研究的问题。教师要不断学习新技术，尝试将更多的先进技术应用于教学，借此来研究技术在提升学生核心素养方面的作用。

参考文献

[1] 毕建华 . 议题式教学促进深度学习 [J]. 思想政治课教学，2018（10）：51–53.

[2] 陈超 . 四级听力短对话中语境理论的应用及其对教学的启示 [J]. 考试周刊，2010（1）：91–92.

[3] 陈刚，舒信隆 . 新编物理教学论 [M]. 上海：华东师范大学出版社，2006.

[4] 陈琳，陈耀华，郑旭东，李振超 . 智慧教育中国引领 [J]. 电化教育研究，2015（4）：23–27.

[5] 陈琳，王运武 . 面向智慧教育的微课设计研究 [J]. 教育研究，2015（3）：127–130，136.

[6] 陈婷 . “互联网 + 教育”背景下智慧课堂教学模式设计与应用研究 [D]. 徐州：江苏师范大学，2017.

[7] 陈卫东，叶新东，许亚锋 . 未来课堂：智慧学习环境 [J]. 远程教育杂志，2012（5）：42–49.

[8] 陈小梅 . 思维导图在高中生物复习中的应用研究 [J]. 现代教育技术，2010（S1）：133–135.

[9] 陈耀华，陈琳 . 智慧型课程特征建构研究 [J]. 开放教育研究，2016（3）：116–120.

[10] 陈耀华，杨现民 . 国际智慧教育发展战略及其对我国的启示 [J]. 现代教育技术，2014（10）：5–11.

[11] 陈真真 . 基于课堂应答系统的大学英语教学设计及实践：以基于 WEB 的 Socrative 课堂应答系统为例 [J]. 现代教育技术，2013（10）：87–91.

[12] 代洪彬 . 基于智慧教学理念的翻转课堂教学流程与互动系统设计 [J]. 中国教育信息化，2016（22）：29–31.

[13] 方光宝，李学良 . 课堂过程公平的构成因素及其验证 [J]. 全球教育展望，2017（12）：113–123.

[14] 冯杰 . 物理概念教学与物理规律教学之差异性探讨 [J]. 物理教师，2020（1）：2–8.

[15] 郭玉英，卢俊梅 ."为概念转变而教" 策略综述 [J]. 物理教师（高中版），2003（5）：1–3，8.

[16] 胡小勇，郑晓丹，熊频 . 应用与示范：智慧环境与学习创新 [M]. 北京：高等教育出版社，2020.

[17] 黄宽娜，刘徽，李木华 . 基于信息技术的高等数学实验教学模式研究 [J]. 西南师范大学学报（自然科学版），2011（2）：210–215.

[18] 黄荣怀，杨俊锋，胡永斌 . 从数字学习环境到智慧学习环境：学习环境的变革与趋势 [J]. 开放教育研究，2012（1）：75–84.

[19] 黄荣怀，张进宝，胡永斌，等 . 智慧校园：数字校园发展的必然趋势 [J]. 开放教育研究，2012（4）：12–17.

[20] 金江军 . 智慧教育发展对策研究 [J]. 中国教育信息化，2012（22）：18–19.

[21] 靖国平 . 转识成智：智慧教育理论与实践探索 [M]. 北京：科学出版社，2020.

[22] 库珀 . 体验学习：让体验成为学习和发展的源泉 [M]. 王灿明，等译 . 上海：华东师范大学出版社，2008.

[23] 李莎 . 核心素养下 Google Earth 软件在初中地理教学中的运用 [J]. 中学地理教学参考，2017（22）：32–34.

[24] 李祎，钟绍春，周拓 . 信息技术支持下的小学数学智慧教学模型研究 [J]. 中国电化教育，2016（11）：128–133.

[25] 李忠 . 物理学概念教学研究 [M]. 长沙：湖南教育出版社，2000.

[26] 梁国彪，姜蓉，张建站 . 课堂反馈系统在高校课堂中的应用研究 [J]. 中国教育信息化，2017（3）：26–28.

[27] 凌媛佳 . 小学语文课堂智慧教学策略研究 [D]. 金华：浙江师范大学，2017.

[28] 刘邦奇 . "互联网 +" 时代智慧课堂教学设计与实施策略研究 [J]. 中国电化教育，2016（357）：51–56.

[29] 刘炯 . 认知结构理论在中学历史教学中的应用研究 [D]. 南京：河南大学，2014.

[30] 刘乐，李红 . 运用深度学习促进思想政治课议题式教学实施 [J]. 教学与管理，2020（12）：92–94.

[31] 刘世杰 . 微话题任务驱动教学模式在初中信息技术课堂中的应用研究 [D]. 济南：山东师范大学，2018.

[32] 刘晓鸣 . 素质教育背景下智慧教学研究 [D]. 长春：吉林大学，2015.

[33] 刘昕，刘博伟 . 巧用思维导图 "活化" 高中生物知识 [J]. 中国教育学刊，2020（12）：102.

[34] 刘云凤 . 基于听力认知策略的初中英语听说教学设计 [J]. 中小学外语教学（中学篇），2017（4）：30–35.

[35] 罗建宇 . 从融合到创新：基于 GeoGebra 的数学深度教学 [J]. 数学通报，2020（2）：23–26.

[36] 马宁，李亚蒙，何俊杰 . 群体知识建构视角下教师混合式研训的组内交互及知识建构层次分析 [J]. 现代教育技术，2019（4）：44–50.

[37] 麦考 . 如何阅读不同的文本：学生阅读的方法与技巧指南 [M]. 苏新连，译 . 北京：商务印书馆，2017.

[38] 聂风华，钟晓流，宋述强．智慧教室：概念特征、系统模型与建设案例 [J]. 现代教育研究，2013（7）：5–8.

[39] 欧阳丽莎．混合教学与德国探讨式教学在艺术教育中的整合实践研究 [J]. 中国电化教育，2013（6）：93–97.

[40] 庞敬文，李施，唐烨伟，等．“互联网 +”时代基于智慧生成的语文阅读学习研究 [J]. 电化教育研究，2018（8）：103–108.

[41] 庞敬文，张宇航，唐烨伟，等．深度学习视角下智慧课堂评价指标的设计研究 [J]. 现代教育技术，2017（2）：12–18.

[42] 庞立场．教科规划课题研究方法运用的现状与思考 [J]. 教育科学论坛 .2019（34）：35–38.

[43] 施珺，李慧．从数字教育走向智慧教育 [J]. 计算机教育，2019（11）：33–37.

[44] 孙聘．中小学智慧教学评价指标体系构建的研究 [D]. 长春：东北师范大学，2018.

[45] 唐斯斯，杨现民，单志广．智慧教育与大数据 [M]. 北京：科学出版社，2017.

[46] 唐烨伟，樊雅琴，庞敬文，等．基于网络学习空间的小学数学智慧课堂教学策略研究 [J]. 中国电化教育，2015（7）：49–54.

[47] 田秋艳．虚拟学习社区中知识建构的影响因素研究 [D]. 长春：东北师范大学，2009.

[48] 王晓峰，周海东．数学实验与“数与代数”教学 [J]. 数学通报，2020（5）：33–36.

[49] 王运武，于长虹．智慧校园：实现智慧教育的必由之路 [M]. 北京：电子工业出版社，2016：173–174.

[50] 韦强．基于课堂观察的议题式教学评价 [J]. 思想政治课教学，2020（5）：13–16.

[51] 魏静．论智慧型课堂的构建 [D]. 锦州：渤海大学，2015.
[52] 吴细花．“智慧校园”云平台的关键模块设计与实现 [D]. 长沙：湖南大学，2014.
[53] 吴中民．构建高效课堂的理念与方法 [M]. 长春：吉林大学出版社，2013.
[54] 伍春兰，李红云．基于 GeoGebra 的数学探究学习的实践与思考：以探究四边形全等条件为例 [J]. 数学通报，2018（7）：25–28.
[55] 谢丰田．基于智慧课堂的教学模式有效性研究 [D]. 福州：福建师范大学，2016.
[56] 辛继湘．体验教学研究 [M]. 长沙：湖南大学出版社，2005.
[57] 阎金铎，田世昆．中学物理教学概论 [M]. 北京：高等教育出版社，2005.
[58] 杨现民，余胜泉．智慧教育体系架构与关键支撑技术 [J]. 中国电化教育，2015（1）：77–84.
[59] 杨现民．信息时代智慧教育的内涵与特征 [J]. 中国电化教育,2014(1)：29–34.
[60] 于淼楠．智慧学习环境下高阶思维发展的评价研究 [D]. 长春：东北师范大学，2016.
[61] 于长虹．智慧校园智慧服务和运维平台构建研究 [J]. 中国电化教育，2015（8）：16–20，28.
[62] 余闻婧．中国学生的阅读素养弱在哪里：基于 PISA2015 测试结果的分析 [J]. 教育发展研究，2018（10）：51–59.
[63] 张国枝．认知结构理论对教师教学的启示 [J]. 小作家选刊（教学交流），2013（3）：42–43.
[64] 张丽．快乐学习：让孩子变“要我学”为“我要学” [J]. 新课程（教育学术），2017（6）：265.

[65] 张敏杰 . 我国基础教育中智慧教育的研究综述 [J]. 软件导刊（教育技术），2019（7）：9–11.

[66] 张雅，夏金星，孙善学 . “互联网 +” 背景下职业教育课程智慧教学研究 [J]. 中国职业技术教育，2017（23）：8–12.

[67] 张屹，陈蓓蕾，李晓艳，等 . 智慧教室中基于 APT 模型的 iPad 电子教材设计与应用研究：以小学英语五年级上册《Toby’s Dream》为例 [J]. 电化教育研究，2016（8）：63–71.

[68] 赵强、刘炳升 . 建构与前概念 [J]. 物理教师（高中版），2001（7）：3–4，9.

[69] 郑旭东，杨现民，岳婷燕 . 智慧环境下的学习资源建设研究 [J]. 现代教育技术，2015（4）：27–32.

[70] 中华人民共和国教育部 . 普通高中地理课程标准（2017 年版 2020 年修订）[S]. 北京：人民教育出版社，2020.

[71] 钟绍春，唐烨伟，王春晖 . 智慧教育的关键问题思考及建议 [J]. 中国电化教育，2018（1）：106–111，117.

[72] 朱莎，张屹，杨浩，等 . 中、美、新基础教育信息化发展战略比较研究 [J]. 开放教育研究，2014（2）：34–45.

[73] 祝智庭，贺斌 . 智慧教育：教育信息化的新境界 [J]. 电化教育研究，2012（12）：5–13.

[74] 祝智庭 . 智慧教育新发展：从翻转课堂到智慧课堂及智慧学习空间 [J]. 开放教育研究，2016（1）：18–26.

[75] 宗平，朱洪波，黄刚，等 . 智慧校园设计方法的研究 [J]. 南京邮电大学学报（自然科学版），2010（4）：15–19.

[76] 邹双国 . 情、议、行：思想政治课议题式教学的三要素 [J]. 教育理论与实践，2020（5）：56–58.